VIE

DU BIENHEUREUX

FRANÇOIS-RÉGIS CLET

PRÊTRE DE LA CONGRÉGATION DE LA MISSION

MARTYRISÉ EN CHINE LE 17 FÉVRIER 1820

PAR

UN PRÊTRE DE LA MÊME CONGRÉGATION

PARIS

X. RONDELET ET Cⁱᵉ, ÉDITEURS

14, RUE DE L'ABBAYE, 14

1900

VIE

DU BIENHEUREUX

FRANÇOIS-RÉGIS CLET

LE BIENHEUREUX FRANÇOIS-RÉGIS CLET
Martyrisé en Chine le 17 février 1820.

VIE

DU BIENHEUREUX

FRANÇOIS-RÉGIS CLET

PRÊTRE DE LA CONGRÉGATION DE LA MISSION

MARTYRISÉ EN CHINE LE 17 FÉVRIER 1820

PAR

UN PRÊTRE DE LA MÊME CONGRÉGATION

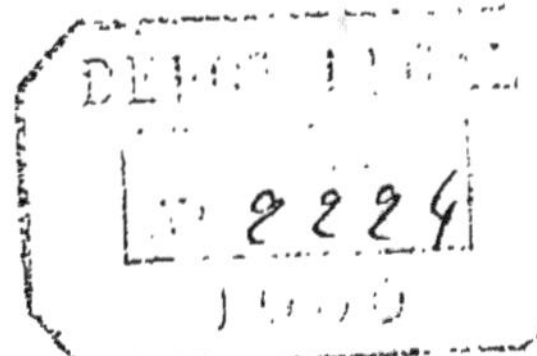

PARIS

PROCURE DE LA CONGRÉGATION DE LA MISSION

95, RUE DE SÈVRES, 95

1900

LETTRE DE M. A. FIAT

SUPÉRIEUR GÉNÉRAL

PRÊTRE DE LA MISSION

Paris, le 4 mai 1900.

Monsieur et très cher confrère,

La grâce de Notre-Seigneur soit avec vous pour jamais !

Nous devons au talent et au dévouement de Mgr Demimuid une Vie complète du vénérable Clet ; elle restera toujours un précieux monument en l'honneur de notre glorieux martyr. Mais nous avons pensé que, dans les circonstances présentes, une Vie abrégée et d'une propagande facile était nécessaire pour répandre la connaissance des vertus héroïques du nouveau Bienheureux. Vous avez bien voulu, mon cher confrère, vous charger de ce travail ; vous avez répondu à mon attente ; recevez mes félicitations et mes remerciements. Je fais des vœux pour que votre œuvre, si pieuse et si solide, contribue à la gloire de Dieu et de notre bienheureux martyr.

Je suis, en l'amour de Notre-Seigneur et de son Immaculée Mère,

Votre tout dévoué serviteur.

A. FIAT, i. p. d. l. m.
Vic. gén.

VIE

DU BIENHEUREUX

FRANÇOIS-RÉGIS CLET

CHAPITRE PREMIER

Naissance du Bienheureux. — Sa famille. — Éducation première. — Son caractère. — Ses humanités. — Sa vocation. —
Son admission dans la Congrégation de la Mission. — Ses
ordinations. — Ses vœux. — Il est nommé professeur au
grand séminaire d'Annecy. — Député à l'Assemblée générale
de 1788.

1748-1788

Le Bienheureux dont nous entreprenons de retracer
la vie, les travaux apostoliques et les vertus, est un
enfant de l'ancienne province du Dauphiné. Il vint
au monde le 19 août 1748, à Grenoble, chef-lieu du
département de l'Isère. Dieu avait hâte de prendre
possession de l'âme de cet enfant privilégié qu'il destinait à devenir son vase d'élection : dès le lendemain de sa naissance, le 20 août, l'enfant était
présenté aux fonts baptismaux pour être régénéré
par l'eau sainte, et il recevait au baptême le nom de
François-Régis : nom prédestiné, qui eut sans doute
sa part d'influence dans la vocation du futur apôtre
de la Chine.

Il était fils de Césaire Clet et de Claudine Bourquy.
Par leurs ancêtres, les familles Clet et Bourquy avaient
des attachés avec la petite noblesse du pays ; mais, ce
qui vaut mieux que des titres nobiliaires, elles se

1

recommandaient par un fonds de foi héréditaire qui constituait le meilleur de leur patrimoine. Elles ont donné à l'Église des prêtres éminents en science et en vertus ; et au cloître, des sujets qui ont honoré la vie religieuse.

Césaire Clet exerçait un commerce de toileries. A l'époque de son mariage, il quitta Varces, le lieu de sa naissance, pour venir se fixer à Grenoble, où il espérait trouver un plus vaste débouché pour son industrie. Sans être parvenue à la richesse, la famille Clet jouissait d'une honnête aisance ; et par la loyauté de ses rapports avec les clients, dans les transactions commerciales, elle avait su mériter la confiance et la considération de ses concitoyens : la famille Clet jouissait de l'estime de toute la ville de Grenoble.

C'était une famille bénie de Dieu, une de ces familles patriarcales aux mœurs antiques, qui, de nos jours, tendent à devenir de plus en plus rares. François-Régis était le dixième de quinze enfants, sept garçons et huit filles, tous élevés dans la crainte de Dieu et le respect de sa sainte loi. Six seulement survécurent à leurs parents ; de ce nombre, un frère du Bienheureux, nommé François, né en 1744, entra à la Chartreuse de Valbonne dans le Gard ; et une de ses sœurs Anne, née en 1734, prit le voile au Carmel de Grenoble.

Dans cette atmosphère de piété où s'écoulèrent ses premières années, François-Régis tourna de bonne heure ses pensées vers Dieu ; par ses précoces vertus, on pouvait déjà prévoir que Dieu avait des desseins sur lui. Cette idée, avec l'âge, prenait chaque jour de la consistance. Placé au collège de Grenoble, pour y commencer ses études, sous la direction de maîtres chrétiens, les germes de vertus que l'éducation première avait déposés dans son cœur se développèrent rapidement, donnant une riche floraison dont la Chine devait un jour recueillir les heureux fruits.

Cependant François-Régis était arrivé à l'âge où l'homme commence à envisager l'avenir pour orienter sa vie. A quinze ans, il était déjà presque un homme : on remarquait en lui un esprit de décision, un air de franchise, une aisance et une fermeté d'allures, une rondeur de langage qui laissaient entrevoir, dans cet adolescent, un caractère.

Par quelle porte allait-il entrer dans l'avenir ? C'était encore le secret de Dieu; toutefois le nom qu'il avait reçu au baptême, l'exemple de son frère François qui avait renoncé au monde, ses fréquents entretiens avec sa sœur, carmélite, qui roulaient invariablement sur le bonheur d'appartenir à Dieu, le remuaient profondément. Il était sous l'influence d'une de ces grâces qui décident de la vie et quelquefois de l'éternité.

La vie religieuse lui souriait, mais quel ordre devait-il choisir ? Ce qu'il fallait à cette âme affamée de dévouement, ce n'étaient pas le silence de la solitude, les extases de la contemplation; c'était une vie d'action et de travail, une vie où il pourrait dépenser son exubérante nature à la gloire de Dieu et au salut des âmes. La Providence y pourvut.

Les Lazaristes n'étaient pas inconnus dans la contrée; honorés de la confiance des évêques de la province, ils y avaient donné, du vivant même de saint Vincent des missions qui avaient eu un certain retentissement, et les avaient posés dans le diocèse de Grenoble. C'est chez les Prêtres de la Mission que l'attrait de la grâce dirigea François-Régis. Il alla frapper à la porte des Lazaristes de Lyon, sollicitant la faveur d'être admis dans la Congrégation de la Mission.

M. Clet fut admis le 6 mars 1769 au séminaire

-interne ou noviciat des Lazaristes de Lyon. Après les deux années d'épreuve exigées par les constitutions de la Congrégation, il prononça ses vœux le jour de la fête de l'archange saint Gabriel, le 18 mars 1771, en présence de M. Jean-Pierre Audiffred, supérieur de la maison : il appartenait sans retour à la famille de saint Vincent de Paul ; il avait vingt-trois ans.

Les Lazaristes ne sont pas religieux, mais ils doivent en avoir l'esprit et les vertus. Ils font les quatre vœux de pauvreté, de chasteté, d'obéissance et d'application perpétuelle au salut des pauvres gens des champs. La règle des Prêtres de la Mission n'a rien qui puisse effrayer la nature. La Compagnie a pour fin la sanctification personnelle, l'évangélisation des peuples de la campagne, la direction des séminaires. Cinq vertus composent l'esprit de cette communauté : la simplicité, l'humilité, la douceur, la mortification et le zèle du salut des âmes. Saint Vincent appelle ces cinq vertus, les facultés de l'âme de la Compagnie : il veut que le Missionnaire soit *apôtre à la campagne et chartreux à la maison.*

La maison où M. Clet fit son noviciat à Lyon, sur le penchant de la colline de Fourvières, existe encore de nos jours ; elle porte toujours le nom de *Maison des Lazaristes ;* seulement, elle a changé de destination, en devenant la propriété des Frères des Écoles chrétiennes, où ils possèdent un de leurs plus beaux pensionnats.

A cette époque, le noviciat de Lyon jouissait d'une grande réputation de piété et de régularité ; c'était un noviciat modèle. M. Jacquier, supérieur général, écrivait dans une circulaire aux maisons de l'Ordre : « J'apprends des nouvelles consolantes de nos maisons de Lyon et de Cahors, où sont formés les élèves qui doivent un jour travailler dans ces vastes provinces à recueillir la moisson du père de famille. »

M. Clet reçut toutes les ordinations des mains de Mgr Jean-Baptiste Bron, évêque *in partibus* d'Égée, vicaire général de Mgr Malvin de Montazet, archevêque de Lyon. Il reçut la tonsure le samedi des Quatre-Temps du Carême 1771; les ordres mineurs, le 4 avril 1772; le sous-diaconat, le 13 juin de la même année; le diaconat, le 19 décembre; et la prêtrise, le 27 mars 1773.

Peu de temps après son ordination à la prêtrise, M. Clet était nommé professeur de morale au grand séminaire d'Annecy.

Le grand séminaire d'Annecy, est un des plus anciens de France. En 1641, à la demande de Juste Guérin, second successeur de saint François de Sales, et son émule pour la piété et la vertu, saint Vincent avait envoyé six Missionnaires qui devaient partager leurs soins entre l'Œuvre des Missions de la campagne et la direction du séminaire nouvellement établi; mais cet essai, pour des causes mal définies, ne produisit pas les résultats qu'on espérait; ce n'est que vingt ans après, en 1664, sous l'épiscopat de Mgr Jean d'Arenthon d'Alex, que le grand séminaire d'Annecy fut définitivement fondé.

Riche des dons de la nature auxquels s'ajoutaient les dons les plus précieux de la grâce, le nouveau professeur, quoique jeune encore, se trouva à la hauteur de son importante mission. Il avait su mettre sérieusement à profit les quelques années passées à la maison de Lyon, pour compléter son éducation religieuse et ses études théologiques, menant de front la formation du cœur et la culture de l'esprit. Il était armé de toutes pièces pour le bon combat; il allait se trouver à sa place comme professeur et directeur dans un grand séminaire.

Les talents de M. Clet, la maturité de son esprit, la solidité de son jugement, ses brillants succès dans l'étude des sciences sacrées avaient déterminé ses supérieurs à lui confier cet emploi qui, aux yeux de saint Vincent, avait un caractère vraiment divin.

« S'employer à faire des prêtres, dit le pieux fondateur des Lazaristes, c'est faire l'office de Jésus-Christ, qui, pendant sa vie mortelle, semble avoir pris à tâche de faire douze bons prêtres qui sont les apôtres. » « C'est, dit-il encore, faire un chef-d'œuvre en ce monde que de faire de bons prêtres; après quoi, on ne peut penser à rien de plus grand. »

C'est à cette œuvre toute divine, que, pendant quinze ans, M. Clet s'employa avec un zèle infatigable, donnant l'exemple de toutes les vertus d'un enfant de Vincent de Paul. Il reproduisit dans sa personne le portrait que fit du prêtre de la Mission un supérieur général.

« Il est exact au lever de quatre heures, à la pratique de l'oraison mentale et des exercices de piété qui sont prescrits par notre règle. Scrupuleux observateur de ses engagements, il les regarde comme une dette rigoureuse, dont il est comptable en tout temps à Dieu et aux hommes, et ne soupire qu'après le travail; et tous ses moments sont consacrés à l'exercice de ses fonctions, ou à s'y préparer par la prière et l'étude.

« Ami de la retraite, il vit dans la séparation du monde, ou ne s'y montre que pour en dissiper les ténèbres par ses lumières, et par les bénédictions de son ministère.

« Fidèle imitateur des vertus de saint Vincent, il

porte partout l'empreinte de sa gravité, de sa modestie, de son opposition à toutes les inventions de la vanité et de la mondanité. Partout il laisse la bonne odeur de Jésus-Christ. Ainsi, ses jours sont pleins, son âme est tranquille; une voix secrète lui dit que tout va bien. »

Telle fut exactement la conduite de M. Clet au séminaire d'Annecy; sa science peu commune en rehaussait encore la beauté.

M. Clet avait une science très étendue; il donnait à son enseignement toute l'ampleur que comportaient les sujets qu'il traitait; à ses connaissances vastes et variées il joignait une promptitude de compréhension qui avait réponse à toutes les questions qu'on lui faisait ainsi qu'aux objections qu'on lui opposait; aussi malgré le voile de modestie et d'humilité, dont il s'efforçait de s'envelopper, son talent et ses vertus ne tardèrent pas à attirer les regards de ses élèves, de ses confrères, des prêtres de la ville et du diocèse. Telle était la réputation dont il jouissait comme savant, comme théologien, qu'on l'avait surnommé : *la bibliothèque vivante*.

Dans le théologien, il y avait aussi l'orateur. M. Clet avait été invité, en 1785, à prononcer pendant une retraite pastorale, l'oraison funèbre de l'évêque diocésain, Mgr Biord; il prouva que la vraie éloquence n'est pas ennemie de la simplicité; tout en se renfermant dans les limites de la petite méthode préconisée par saint Vincent, il sut trouver dans son cœur des accents vibrants qui électrisèrent son auditoire; ce jour-là, la *petite méthode* avait conquis droit de cité à Annecy.

Il faut reconnaître aussi que le sujet était bien fait pour faire vibrer la corde sentimentale de l'orateur;

il y avait plus d'un trait de ressemblance entre le panégyriste et son héros : c'étaient deux âmes bien trempées. Mgr Biord était un homme de combat; son épiscopat n'avait été qu'une longue suite de luttes pour la défense de la religion; et M. Clet sentait déjà au fond de son cœur ce frémissement de zèle qu'il devait déployer plus tard dans les luttes de l'apostolat.

Mais la mission de M. Clet dans la Savoie, qui avait joui des prémices de son sacerdoce, touchait à sa fin. Il était au grand séminaire d'Annecy depuis quinze ans, lorsque ses confrères, pleins d'admiration pour ses talents et ses vertus, lui donnèrent une marque de confiance qui dut alarmer son humilité; ils l'envoyèrent siéger à l'Assemblée générale de 1788, convoquée pour l'élection d'un nouveau supérieur général.

CHAPITRE II

1788-1791

M. Jacquier, huitième supérieur général, dont la bonté et l'amabilité rappelaient à tous la douce et sainte figure de saint Vincent, était mort vers la fin de l'année 1787; le vicaire général, que les Constitutions investissent de pleins pouvoirs pour la circonstance, dut convoquer l'Assemblée générale, à l'effet de nommer un nouveau supérieur.

L'élection du Supérieur général des Lazaristes est une élection à trois degrés. Chaque maison de la Compagnie tient une assemblée domestique, composée de tous les Missionnaires de la maison qui ont fait les vœux; cette assemblée désigne au scrutin secret celui qui doit accompagner le supérieur, en qualité de délégué, à l'assemblée provinciale, qui doit se réunir dans la résidence du visiteur de la province. A son tour, l'assemblée provinciale présidée par le visiteur, nomme au scrutin secret deux Missionnaires qui doivent assister à l'Assemblée générale. M. Clet fut élu pour remplir cette importante mission. C'était un hommage bien mérité rendu à ce digne Missionnaire, en qui s'incarnaient la science, la vertu, l'esprit même du saint fondateur de la Congrégation de la Mission.

L'Assemblée de 1788 se réunissait sous l'impres-

1.

sion de tristes pressentiments à la vue des doctrines irréligieuses et impies des encyclopédistes, qui commençaient à porter leurs fruits.

Les vénérables membres de l'Assemblée prévoyaient que, dans un avenir peu éloigné, la Congrégation pouvait se trouver aux prises avec de graves difficultés; il fallait donc se préoccuper de l'avenir, et mettre à la tête de la Compagnie un homme qui sût tenir d'une main ferme le gouvernail et parer à toute éventualité.

M. Cayla de la Garde, quatrième assistant de la Congrégation, réunit, au premier tour de scrutin, la majorité des suffrages. C'était un heureux choix. M. Cayla était l'homme providentiel que Dieu tenait en réserve pour présider aux destinées de la Compagnie, et lui faire traverser les temps malheureux qui marquèrent son généralat.

Commencée le 30 mai 1788, l'Assemblée clôturait ses réunions le 18 juin de la même année.

Arrivé au terme de son mandat, M. Clet se disposait à reprendre le chemin de la Savoie, heureux de se retrouver dans son cher séminaire d'Annecy où il avait laissé tout son cœur; mais Dieu en avait décidé autrement.

Quoique le plus jeune de l'Assemblée, il y avait occupé dignement sa place; en dépit de son attention à se tenir dans l'ombre, il n'avait pas échappé au regard clairvoyant de son supérieur. M. Cayla avait reconnu et apprécié son mérite; il le nomma directeur du séminaire interne ou noviciat. Dans son humilité, M. Clet eût voulu décliner cet emploi dont il se jugeait incapable; mais c'était en connaissance de cause que le Supérieur général avait jeté les yeux sur lui; il fallut se résigner.

Aussi bien M. Clet semblait né pour exercer cette fonction, une des plus importantes de la Congrégation. Le Supérieur général lui trouvait toutes les qualités requises, pour donner à la Compagnie des hommes fermes, courageux, intrépides, en un mot tels que les circonstances présentes le demandaient. Ses espérances ne furent pas trompées ; le nouveau directeur justifia pleinement la haute idée qu'on avait de ses talents et de ses vertus. Sous sa ferme et intelligente direction, les jeunes novices devinrent l'édification de la maison ; ils donnaient les plus douces espérances ; on assistait comme à une renaissance de l'esprit de saint Vincent. On pouvait entrevoir le jour où ces jeunes Missionnaires seraient du nombre de ces ouvriers incomparables dont parle saint Paul, *operarium inconfusibilem* ; qui bravent les intempéries des climats, les glaces du pôle, les feux du tropique et la fureur des persécutions. Ce n'étaient pas en effet de simples prêtres, des ministres des autels qu'il préparait au ministère paroissial ; c'étaient des athlètes qu'il dressait aux luttes de l'apostolat.

M. Clet exerçait depuis un an ce ministère de formation par la parole et par l'exemple, lorsqu'un événement d'une gravité exceptionnelle vint brusquement en interrompre le cours : la Révolution venait d'éclater ; et c'était sur la maison de Saint-Lazare qu'elle avait dirigé ses premiers coups.

La Révolution existait dans les esprits, bien avant d'éclater dans la rue par des coups de violence ; l'anarchie était partout, du haut en bas de l'échelle sociale ; le peuple était écrasé d'impôts ; les finances de la France étaient dans un état lamentable, la disette se faisait cruellement sentir ; le peuple était en proie à une fièvre de surexcitation qui n'attendait qu'une occasion pour se livrer aux derniers excès; il avait faim, et la faim est une conseillère de crimes et de malheurs : *malesuada famès.*

Comme toujours dans les situations troublées, il se trouve des meneurs qui exploitent habilement cet état des esprits; ils jettent des mots d'ordre dans la foule; ils lancent des insinuations perfides; ils persuadent au peuple, toujours crédule, que la maison de Saint-Lazare accapare les blés pour réduire Paris à la famine. Il n'en fallait pas davantage; ce peuple entre en fureur, et se rue à l'assaut de cette paisible demeure qui chaque jour nourrissait des milliers de malheureux. Pendant la nuit du 12 au 13 juillet 1789, à deux heures du matin, la foule brise les portes à coups de hache, envahit la propriété et porte partout la dévastation et la ruine ; et après quinze heures de destruction et de brigandage, ils se retirent ne laissant après eux que les quatre murs, et un amas indescriptible de meubles brisés.

Tout le personnel de la maison, prêtres, clercs, frères, put s'échapper; les uns à moitié nus, les autres sous des vêtements de déguisement, ils allèrent se réfugier à la campagne, chez les curés, dans les hôpitaux. M. Cayla et ses quatre assistants demandèrent l'hospitalité au séminaire Saint-Firmin.

Mais quel lendemain pour les bons Missionnaires ! Quelles poignantes angoisses devaient étreindre leur cœur à la vue de ce qui restait de cette splendide demeure !

Laissons le vénérable Supérieur verser le trop-plein de son cœur, dans le cœur de ses enfants : « La renommée vous a déjà porté la triste nouvelle de nos malheurs; mais le tableau qu'on vous en a fait, quelque exagéré qu'il vous paraisse, est infiniment au-dessous de la vérité. Cependant, messieurs et très chers frères, instruisons-nous par ce terrible événement de l'instabilité des choses humaines, et ouvrons nos âmes aux sentiments que la religion doit inspirer aux malheureux. Soumettons-nous aux ordres d'une Providence miséricordieuse, portons avec joie la perte de nos biens, et soupirons avec plus d'ardeur vers cette patrie heureuse qui doit finir nos maux et récompenser nos travaux. »

Toutefois, il faut le dire, dans l'acte de brigandage dont Saint-Lazare vient d'être le théâtre, ce n'était pas la haine de la religion qui avait armé ces hordes sauvages; elles obéissaient, comme nous l'avons dit, à un mot d'ordre, à un instinct aveugle de destruction; elles détruisaient pour détruire. Il est un fait que nous ne saurions passer sous silence, et qui montre bien que la religion n'était pas en cause. Tandis que ces forcenés continuent leur œuvre de dévastation, ils se trouvent soudain, en présence du corps de Vincent de Paul conservé dans un modeste reliquaire dû à la piété reconnaissante des pauvres de Paris. A la vue du corps de ce Père des pauvres, les bandits s'arrêtent; ils se rappellent que dans cette dépouille mortelle a battu un noble cœur, un cœur ami du peuple; à l'instant la hache tombe de leurs mains; toutes les têtes se découvrent; quatre hommes prennent respectueusement le corps du saint; ils le transportent au milieu d'un silence religieux à l'église Saint-Laurent, et le placent sur l'autel.

Le lendemain de cette catastrophe, M. Cayla et ses confrères réfugiés à Saint-Firmin quittaient leur retraite et rentraient dans leur maison saccagée; ils retiraient des décombres les objets qui pouvaient encore être utilisés; ils s'installaient tant bien que mal au milieu de ces ruines, et reprenaient leurs habitudes de prière, de travail et d'étude. De son côté, M. Clet réunissait de nouveau ses chers novices que la tempête avait dispersés dans Paris et les environs, et il eut besoin de toute son éloquence pour calmer les esprits et relever les courages abattus. On devine facilement quels devaient être ses sentiments dans cette douleureuse situation : il avait le cœur brisé; mais si son cœur souffrait, toutes ses pensées étaient fixées en Dieu; sa foi triomphait de son cœur; et il reprit le cours de ses instructions par ce cri d'une âme qui a appris à dominer les événements : *Sursum corda* : Haut les cœurs! Hélas! Cette situation si peu brillante pourtant ne devait pas durer; il fallait s'attendre à de nouvelles épreuves. Député à l'Assemblée nationale pour représenter le clergé de Paris, M. Cayla était bien placé pour se rendre compte de l'état des esprits; il ne pouvait pas se faire illusion. Les événements se précipitaient; la France allait traverser les plus mauvais jours de son histoire. L'année 1790 s'annonçait sous les plus lugubres symptômes; dès le commencement de l'année suivante les députés ecclésiastiques de l'Assemblée nationale étaient mis en demeure de se soumettre à la constitution civile du clergé : c'était la déclaration de guerre à la religion et à l'Église.

Dans cette circonstance, M. Cayla donna aux députés un noble exemple dont la Congrégation a lieu d'être fière : quatre jours avant le jour fixé pour la prestation de serment à cette constitution schismatique, et malgré les conseils que lui donnaient ses amis, il confessa hautement sa foi au péril de sa vie.

On ne pouvait plus s'attendre qu'à des mesures de violence : les églises fermées, les prêtres traqués comme des bêtes fauves, les communautés religieuses jetées sur tous les chemins de l'exil. Toutefois la Providence saura tirer le bien du mal ; ces bons religieux, jetés par la tempête sur toutes les plages du monde, vont devenir une semence de foi qui fera germer le christianisme chez les peuples assis à l'ombre de la mort : *sanguis martyrum semen christianorum*. La Chine prendra une large part à ce bienfait.

Depuis longtemps M. Clet nourrissait dans le secret de son cœur le désir de se dévouer au salut de ces malheureuses populations de la Chine, asservies au joug de Satan ; l'heure lui paraissait venue de s'ouvrir de son projet à ses supérieurs. M. Cayla lui opposa un refus formel. Mais Dieu n'avait pas dit son dernier mot. Une circonstance, en apparence fortuite, qui était certainement ménagée par la divine Providence, vint seconder le projet du zélé Missionnaire.

Un départ pour la Chine avait été fixé au 15 mars ; trois Missionnaires, dont deux diacres, MM. Lamiot et Pesné, et un prêtre occupé en province, devaient trouver place sur le vaisseau à Lorient. Au dernier moment le prêtre se trouva empêché. M. Clet vit là un coup de Providence ; il se présenta à son supérieur pour implorer la faveur d'aller prendre la place du prêtre qui avait manqué à l'appel ; et, cette fois, sa démarche fut couronnée d'un plein succès.

Nous renonçons à dépeindre la joie du saint Missionnaire : il était au comble de ses vœux ; il n'en pouvait pas douter : c'était Dieu qui l'appelait aux missions de la Chine.

Quelques jours après, M. Daudet, procureur général de Saint-Lazare, annonçait au procureur de Pékin le prochain départ de M. Clet pour la Chine, et voici en quels termes élogieux il rend hommage à son mérite :

« Après avoir enseigné la théologie pendant quatorze ans avec distinction, M. Clet vint à l'Assemblée générale; on le connut assez pour le juger ce qu'il valait. On en fit le directeur du séminaire; et je crois que, malgré l'attachement qu'a pour vous M. le Général, il n'eût pas consenti à son départ, si la Congrégation devait être conservée. Il réunit tout qu'on peut désirer : piété, science, santé, aménité dans le caractère; c'est un sujet accompli. »

Toutefois, la joie d'avoir obtenu la faveur qui était l'objet de ses plus ardents désirs ne lui fit pas oublier sa famille. Son père, Césaire Clet, s'était éteint, plein de jours et de mérites, le 15 juillet 1785; sa mère, Claudine Bourquy, avait suivi de près son digne époux dans la tombe; c'est à sa sœur Marie-Thérèse, l'aînée de toute la famille, qu'il fait part de son bonheur. Après la mort de ses parents, Marie-Thérèse avait été comme une seconde mère pour ses nombreux frères et sœurs; aussi M. Clet lui témoignait-il une affection pleine de respect ; dans les lettres d'adieux qu'il lui adresse, on respire comme un parfum de respect filial; on dirait un fils parlant à sa mère.

« Ma chère sœur,

« Enfin, mes vœux sont exaucés et je suis au comble de la joie. La Providence me destine à aller travailler au salut des infidèles. L'occasion vient de s'en présenter, je l'ai saisie avec avidité; je viens d'en parler au Supérieur général qui veut bien se prêter à mes désirs. Cette occasion se trouve accompagnée de diverses circonstances, qui ont fait juger que c'était la volonté de Dieu; et vous comprenez que je sens trop le prix de cette faveur pour ne pas y correspondre par un entier acquiescement. En un mot, je pars incessamment pour la Chine avec deux de mes confrères, qui sont aussi contents que moi de notre heureuse destination. Cette mission, dans un pays où la religion chrétienne n'est pas même tolérée, où, par conséquent, on ne peut faire que furtivement des prosélytes, ne présente aucun avantage temporel; mais, par une compensation surabondante, une infinité d'avantages spirituels. Quelle consolation, n'est-ce pas, en effet, d'avoir à conduire des chrétiens en qui on remarque toute la ferveur de ceux de l'Église naissante! Je n'ai plus que dix jours à peu près pour me rendre à Lorient, où je vais m'embarquer; ainsi, il est douteux si je pourrai avoir une réponse de vous avant que de quitter Paris; ne perdez point de temps pour me répondre.

« Comme je vais courir de grands dangers, et que je n'aurai probablement plus la douce satisfaction de vous voir, je crois devoir mettre ordre à mes affaires. » Suivent ses dispositions testamentaires. Puis il ajoute : « J'ai tant d'affaires sur les bras que je ne puis écrire à autre qu'à vous; mais communiquez ma lettre à ma sœur la carmélite, qui me recommandera sans doute aux prières de sa Communauté. Je me recommande aussi aux vôtres et à celles des braves gens que vous connaissez. Mes amitiés à mes sœurs, à mes neveux et nièces.

« Au reste, n'entreprenez pas de me détourner de ce voyage, car ma résolution est prise; et il n'y aura que l'impossibilité de m'embarquer qui m'empêchera de la réaliser. Bien loin de m'en détourner, vous devez me féliciter de ce que Dieu me fait la faveur insigne de travailler à son œuvre. Je vous écrirai encore plusieurs fois avant mon embarquement. Donnez-moi des nouvelles de votre santé; la mienne est bonne. J'espère que Dieu me conservera des jours que, par sa grâce, je ne veux employer qu'à sa gloire. Adieu, ma chère sœur; si nous ne nous revoyons pas ici-bas, nous n'aurons que plus de joie de nous voir dans le Paradis.

« CLET,
« Prêtre de la Mission. »

Cette lettre mit la douleur et la consternation dans toute la famille. Marie-Thérèse y répondit d'abord par ses larmes; puis, connaissant la tendre affection de son frère pour les siens, elle essaya de le dissuader en visant droit à son cœur; elle lui peignit l'affliction dans laquelle son départ allait plonger toute la famille, espérant par là fléchir sa volonté. Mais, si bon, si affectueux qu'il fût pour les siens, M. Clet avait le cœur trop haut placé pour céder au langage de l'affection lorsque Dieu a parlé; ses pensées, enracinées dans la foi, planaient bien haut au-dessus des affections humaines, même les plus légitimes. Les tentatives de ses parents pour l'enchaîner aux rivages de France ne pouvaient qu'aviver dans son cœur l'amour de sa sublime vocation. Les paroles de son divin Maître : « Celui qui aime son père et sa mère, ses frères et ses sœurs plus que moi, n'est pas digne de moi », élevaient entre sa famille et lui une barrière désormais infranchissable. Aux sollicitations de sa famille il fit cette réponse non moins digne de son cœur que de sa foi :

« Ma chère sœur,

« Je profite de la nuit qui précède mon départ pour répondre à votre attendrissante lettre. Je m'attendais bien que votre constante et vive amitié pour moi ne vous permettrait pas d'obéir à l'invitation que je vous faisais de ne tenter aucun effort pour rompre mon projet ; mais ayant pris ma détermination là-dessus avant de vous écrire, je m'étais préparé aux assauts que votre tendresse et votre sensibilité me livreraient. Les choses étaient alors trop avancées pour reculer ; et je ne me repens pas d'en avoir agi ainsi ; non par manque d'amitié pour vous, mais parce que je crois suivre en cela les vues de la Providence sur moi...

« Je pars ce matin pour Lorient, en poste, avec deux de nos messieurs. Avant de m'embarquer, je vous donnerai de mes nouvelles ; et ensuite par le retour du vaisseau qui doit nous porter à Macao, où nous séjournerons quelques mois avant de pénétrer dans la Chine. »

On devine facilement ce qui devait se passer dans l'âme du futur apôtre de la Chine, pendant cette lutte contre son propre cœur. Si fort qu'il fût contre lui-même, il devait souffrir cruellement ; le sentiment fraternel n'avait rien perdu de sa vivacité ; il était, au contraire, arrivé au dernier degré d'intensité. Il faut avoir senti ces luttes pour comprendre ce qu'elles ont de poignant pour un cœur aimant, pour savoir ce qu'il faut d'énergie à un homme résolu à marcher contre les instincts les plus puissants de la nature. C'est un des plus beaux triomphes de la grâce.

Fidèle à la promesse qu'il avait faite à sa sœur, le 2 avril, quelques instants avant de s'embarquer, il lui écrivait :

« Ma très chère sœur,

« Me voici à Lorient depuis quelques jours. J'y suis

arrivé à bon port, et notre départ est fixé à aujourd'hui sur les onze heures, si les vents n'y mettent obstacle. A peine ai-je le temps de respirer; aussi je ne puis vous écrire que brièvement. Heureusement je n'ai rien de nouveau à vous dire; je n'ai qu'à vous remercier de vos bontés à mon égard; vous recevrez tous les ans de mes nouvelles, et je ne manquerai pas d'entrer dans les détails de ma position. Je ne vous répéterai pas que je suis content de ma destination. Ce n'est pas que la nature ne réclame en moi bien des droits, et que mon expatriation ne me fasse éprouver quelque sensibilité. Mais je crois que la Providence a parlé, je crois devoir obéir à ses ordres. *Dieu le veut*, voilà ma devise; vous n'en avez jamais eu d'autre; ainsi vous envisagerez cet événement comme tous les autres qui sont marqués au coin de la volonté divine. N'est-ce pas une grande consolation pour vous que de penser qu'un de vos frères est destiné au ministère apostolique? C'est là pour moi une certitude plus forte de ma prédestination. Priez le Seigneur qu'il me fasse accomplir son œuvre avec la plus grande fidélité. Renouvelez mes tendres amitiés à mes chères sœurs, et ensuite à mes frères, quand vous aurez l'occasion de leur écrire; et aussi à mon beau-frère, à mes neveux et nièces. Recommandez-moi aux prières de ma tante et de ma sœur la carmélite, et soyez persuadée que, quelque éloigné que je sois, vous serez toujours présente à mon cœur. »

Quelques instants après, M. Clet quittait la France qu'il ne devait plus revoir.

Le sacrifice était consommé.

CHAPITRE III

Arrivée et séjour de MM. Clet, Lamiot et Pesné à Macao. — Leur destination respective. — M. Clet est destiné à la mission du Kiang-si. — Les origines de cette mission. — Arrivée de M. Clet au Kiang-si. — État lamentable de cette chrétienté. — Genre de vie tout apostolique de M. Clet. — Sa principale difficulté. — Ses succès. — Il est transféré du Kiang-si au Hou-kouang.

1791-1793

Les premiers Lazaristes qui arrivèrent en Chine sont MM. Appiani, Mullener et Pédrini, envoyés à titre d'essai, en 1698, par la Propagande, qui voulait s'ouvrir un champ d'évangélisation dans ces immenses contrées.

La Propagande avait des vues sur M. Appiani : elle avait formé le projet de fonder à Pékin ou à Canton un séminaire pour préparer un clergé indigène; et, connaissant les hautes capacités de M. Appiani, elle lui avait confié cette mission; mais il rencontra tant d'obstacles qu'il y renonça pour aller se vouer à la conversion des infidèles dans le Su-tchuen, où M. Mullener, son compagnon de voyage, le suivit pour partager ses travaux apostoliques. Quelques années après, il dut quitter sa mission pour se mettre, en qualité de secrétaire, à la disposition de Mgr de Tournon, envoyé de Rome, pour terminer la fameuse question des rites chinois. Ce fut, pour ce saint Missionnaire, une occasion de tribulations de toutes sortes; après de longues années de prison, il alla mourir à Macao, honoré d'un bref du pape Clément XI.

M. Mullener, resté seul dans le Su-tchuen, dut

partager les épreuves de son confrère : il fut exilé ; mais après quatre ans d'exil il parvint à rentrer dans le Su-tchuen, avec le titre de vicaire apostolique de cette province. Il mourut plein de jours et de mérites, au milieu de son troupeau. Il ne restait plus qu'un seul lazariste en Chine : M. Pedrini.

Désigné pour accompagner Mgr de Tournon, en 1702, il ne put aborder en Chine qu'en 1710. Bien accueilli d'abord de l'empereur, il tombe en disgrâce pour avoir refusé de se conformer aux prescriptions de la cour impériale au sujet des rites chinois ; il est chargé de chaînes, jeté en prison, et finit ses jours à Pékin, en 1746.

L'heure n'était pas encore arrivée pour la Congrégation de s'établir en Chine ; quarante ans devaient s'écouler avant son établissement à Pékin : c'est en 1784 qu'elle prit possession de cette importante mission. Elle en confia la direction à M. Raux, qu'accompagnaient M. Ghislain, prêtre, et le frère Pâris, horloger.

La mission de Pékin se composait de quatre grands établissements : les églises du Pé-tang, du Nan-tang, du Si-tang et du Ton-tang. M. Raux fut nommé membre du tribunal des mathématiques ; M. Ghislain se voua exclusivement aux travaux des missions, et le frère Pâris fut élevé à la dignité d'horloger de l'empereur.

Le nombre des ouvriers était bien insuffisant pour faire face à la conduite de ces divers établissements ; c'était pour les aider à recueillir cette riche et abondante moisson que M. Cayla, Supérieur général, avait destiné MM. Clet, Lamiot et Pesné aux missions de la Chine. Les trois Missionnaires s'embarquèrent le 10 avril 1791.

Nous savons peu de chose sur leur voyage ; le seul souvenir que nous en ait laissé M. Clet est une lettre à sa sœur Marie-Thérèse. Le 2 juillet 1791, un navire français faisant voile pour la France rencontra, près du cap de Bonne-Espérance, celui qui portait les Missionnaires en Chine. M. Clet profita de cette occasion pour donner de ses nouvelles à sa sœur. Il lui écrit :

« Ma très chère sœur,

« Vous vous intéressez assez à mon sort pour être empressée de recevoir de mes nouvelles. La rencontre d'un vaisseau qui va en France m'en fournit l'occasion ; jugez avec quel empressement je la saisis. Nous avons appareillé à Lorient le 10 avril, et nous sommes aujourd'hui, 2 juillet, près du cap de Bonne-Espérance, qui fut à notre vue le 29 juin, mais que nous n'avons pas encore doublé, à cause d'un calme qui est survenu. La mer n'a pas produit en moi les effets qu'elle occasionne ordinairement. Tandis que tous les nouveaux navigateurs payaient leur tribut à la mer, je n'éprouvai pas le moindre malaise. Je me suis toujours bien porté jusqu'ici, malgré les variations de la température, tantôt brûlante, tantôt froide et tantôt tempérée. Les vents qui nous poussaient vers le cap n'ont pas été bien favorables, mais au moins nous ne pouvons nous plaindre d'aucun gros temps. Le temps ne me permet pas de vous en dire davantage. Mes tendres amitiés à mes sœurs, à mes frères, à mon beau-frère, à mes neveux et nièces.

« Votre très affectionné frère,

« CLET. »

Les Missionnaires entrèrent dans la mer de Chine

au mois de décembre, et débarquèrent à Macao, où ils furent reçus à bras ouverts par M. Villa, procureur des Lazaristes pour les missions de Chine. A cette époque, la Congrégation de la Mission avait à Macao une procure et un séminaire dirigés par les Lazaristes portugais ; c'était là que débarquaient tous les Missionnaires destinés aux missions de la Chine.

Macao était en quelque sorte le *noviciat* des Missionnaires européens se rendant en Chine ; ils y passaient ordinairement plusieurs mois, pour s'initier aux habitudes, aux coutumes et à la langue chinoises. Ils devaient *se chinoiser* des pieds à la tête, pour pouvoir pénétrer dans l'intérieur et y exercer leur ministère apostolique sans attirer l'attention sur eux. Pour que la transformation fût complète, il fallait : avoir la barbe taillée à la chinoise ; la tête rasée, excepté au sommet, où on laissait une touffe de cheveux à laquelle on adaptait une longue queue ; revêtir un costume chinois ; s'habituer à tenir la longue pipe et à manier les bâtonnets qui tiennent lieu de cuiller et de fourchette pour manger le riz. Puis, leur noviciat terminé, et la transformation aussi bien réussie que possible, les trois Missionnaires se rendirent à leur destination respective. M. Lamiot prit la route de Pékin, M. Pesné partit pour le Hou-Kouang, et M. Clet se rendit au Kiang-si. C'est là que nous allons suivre notre Bienheureux.

Le Kiang-si, qui aujourd'hui forme trois grands vicariats apostoliques florissants, dirigés par les Lazaristes, ne fut érigé en vicariat qu'en 1696, par le pape Innocent XII, et ne forma tout d'abord qu'un seul vicariat. Il fut confié au P. Alvar de Bonavente, des Ermites de Saint-Augustin, qui ne put jamais y résider, à cause de difficultés insurmontables.

Le premier Missionnaire européen dont on trouve la trace au Kiang-si est le bienheureux François-Régis Clet : c'était à cet intrépide apôtre qu'il était donné de faire briller la lumière de l'Évangile dans ce pays plongé dans les ténèbres de l'idolâtrie, et d'en ouvrir les portes au Christianisme ; et ce n'est pas sans peine, ni sans danger, qu'il put pénétrer dans ce repaire de Satan. Et lorsque plus tard M. Laribe arriva dans cette province, il y trouva une centaine de chrétiens qui avaient été baptisés par M. Clet.

Aucune persécution ouverte ne sévissait alors dans la province ; mais la seule vue d'un Missionnaire européen eût suffi pour la faire éclater ; aussi M. Clet dut, pour sa sécurité, se diriger vers sa mission sous un déguisement. Grâce à cette précaution, que commandait la plus vulgaire prudence, il arriva sain et sauf au milieu du troupeau confié à son zèle apostolique ; et, une fois installé dans sa résidence, le 15 octobre 1792, il écrivait à sa sœur Marie-Thérèse :

« Ma très chère sœur,

« Ce bout de lettre est pour vous donner avis que je suis arrivé à bon port au lieu de ma résidence ; je n'ai point été reconnu durant mon voyage de trente jours. Pendant ce temps, je me suis bien porté. Je suis actuellement logé dans une maison assez vaste, mais toute délabrée ; on va incessamment travailler à la réparer, et, comme elle est toute en bois, elle ne sera pas malsaine pour cet hiver, qui, au reste, n'est pas bien rude dans ce pays-ci. Une nouvelle carrière s'ouvre pour moi ; il s'agit de renouveler l'esprit de religion dans d'anciens chrétiens, qui sont abandonnés à eux-mêmes depuis plusieurs années, et de convertir des infidèles ; voilà, j'espère,

2

mon occupation jusqu'à la mort. Nous voilà donc séparés dans ce bas monde; mais quelle joie n'aurons-nous pas de nous revoir dans le ciel, qui est sans doute toute votre ambition, comme elle est la mienne. Je me recommande de nouveau à vos prières, à celles de mes frères et sœurs, à qui vous offrirez bien des amitiés de ma part. Dites quelque chose pour moi à mes neveux et nièces, surtout à celui qui est près de vous. Je n'oublie pas non plus mon beau-frère et autres parents.

« Le porteur de mes lettres part incessamment pour Macao. Je suis forcé de conclure. Adieu, ma chère sœur, je serai toujours votre très affectionné frère.

« CLET. »

Notre Bienheureux se mit à l'œuvre en arrivant; si étrange que fût sa nouvelle situation, il se plia sans peine aux usages et au genre de vie des Chinois; il n'eut besoin d'aucun apprentissage; tout lui plaisait : le logement, le vêtement, la nourriture, la table et le couvert, parce qu'il savait qu'il était là où Dieu le voulait. Ses lettres aux divers membres de sa famille respirent une indifférence tout apostolique pour tout ce qui concerne la vie matérielle.

« En général, écrit-il, quant à la vie animale, nous ne manquons de rien, et nous avons certainement au delà du nécessaire. Nous vivons aux dépens des chrétiens que nous visitons; nous pratiquons ce que dit Notre-Seigneur à ses apôtres : « *Manducate quæ apponuntur vobis* : Mangez ce que l'on veut bien vous offrir. » De là il arrive que nous sommes tantôt mieux, tantôt moins bien; mais nous sommes toujours trop bien. J'éprouve souvent une certaine confusion d'avoir une nourriture plus délicate que mes chrétiens, qui sont presque tous peu à leur aise. Notre manière de coucher est très simple : une planche sur laquelle est étendue une légère couche de paille couverte d'une natte et d'un tapis, et quelquefois une simple planche toute nue, voilà notre lit. Mais on se fait à tout cela ; et aujourd'hui je ne plains ni les Chartreux ni les Carmélites. Quant à la boisson, nous avons de l'eau à discrétion, nous pouvons y mettre quelques gouttes d'eau-de-vie ; le vin est rare, nous conservons le peu que nous avons pour le saint sacrifice de la messe. »

Comme on le voit, la nature ne trouvait pas toujours son compte dans la vie apostolique ; mais, apôtre par le cœur, notre Bienheureux savait assaisonner ses privations d'une gaieté naturelle qui édifiait les chrétiens ; il leur apprenait par ses exemples ce qu'il ne pouvait leur faire entendre par ses discours.

Sa tâche était des plus laborieuses, et il eut besoin de toute son énergie de volonté pour ne point succomber à la tentation du découragement. Le troupeau confié à ses soins se composait d'anciens chrétiens dont les besoins étaient immenses. Ils avaient été enfantés à la foi vers l'année 1787 par un ancien Jésuite chinois, le P. Yang, élève du séminaire Saint-Firmin, à Paris. Après la suppression des Jésuites, il résolut de se dévouer isolément à la conversion des infidèles ; en sa qualité de Chinois, il s'était introduit dans le Kiang-si, et il était parvenu à former une petite chrétienté qui lui donnait les plus douces espérances. Malheureusement il fut reconnu par le mandarin qui le fit arrêter, le chargea de chaînes et l'envoya à Pékin pour être jugé. Mais Dieu veillait sur la vie de ce généreux confesseur de la foi : lorsqu'il fut arrivé à Pékin, M. Raux, supérieur des Lazaristes, qui était tout-puissant au palais, intervint en sa faveur et le fit remettre en liberté.

Or, depuis le départ du P. Yang, la chrétienté du Kiang-si avait été entièrement abandonnée ; elle n'avait e çu la visite d'aucun Missionnaire, et en arrivant rdans sa mission, M. Clet se trouva au milieu de chrétiens qui n'avaient plus de chrétien que le nom. La plupart étaient revenus à leurs anciennes superstitions ; leur religion n'était plus qu'un horrible mélange de quelques lambeaux de vérités religieuses et de pratiques païennes. Leur instruction était à refaire radicalement.

On comprend facilement la peine que le saint Missionnaire dut se donner pour ramener ces pauvres ignorants à l'exacte et pure observance de la religion chrétienne. Mais M. Clet n'était pas homme à s'effrayer devant le travail. Sa plus grande peine était la difficulté de se familiariser avec la langue chinoise. Cette langue qu'il appelle une langue *indécrottable*, fera le tourment de toute sa vie d'apôtre ; dans ses lettres il revient souvent sur ce sujet ; il va jusqu'à craindre d'avoir présumé de ses forces, en ambitionnant les missions de la Chine. Cette difficulté concernant la langue chinoise offrait à ses yeux un double inconvénient : elle pouvait trahir son origine européenne, et ainsi compromettre la sécurité des Missionnaires ; et d'autre part, c'était un obstacle sérieux à l'accomplissement de sa mission.

En permettant cette inaptitude pour la langue chinoise, Dieu avait ses vues, il voulait établir son serviteur dans l'humilité pour en faire un instrument propre à accomplir ses desseins. La sanctification des âmes est l'œuvre de Dieu ; la parole de l'homme frappe l'oreille, mais c'est la grâce qui touche et change les cœurs. Aussi, Dieu, qui est jaloux de sa gloire, a moins besoin de savants et de lettrés que de cœurs humbles et bien pénétrés de leur incapacité : c'est par la croix plutôt que par la science que Dieu veut régner dans le monde; *in virtute Dei*.

Le pieux Missionnaire était trop pénétré des pensées de la foi pour ne pas reconnaître ce dessein de la divine Providence. Au regard de cette difficulté de la langue, écrivant à son frère, il lui dit : « Je penche à croire que j'aurais mieux fait de rester en Europe. Le seul avantage spirituel que je puis trouver en Chine, c'est que dans ma patrie je pouvais me croire bon à quelque chose, au lieu qu'ici, il est à peu près de la plus grande évidence que je ne suis presque bon à rien. Toutefois, la rareté des Missionnaires dans ce vaste empire ne me permet pas en conscience de retourner en Europe; car, comme dit le proverbe : « Il vaut mieux que la « terre soit labourée par des ânes que si elle demeurait « absolument sans culture. »

Peu à peu cependant, à force d'application, M. Clet put s'initier suffisamment à la langue chinoise pour le commerce ordinaire de la vie civile, pour entendre les confessions, et donner quelques instructions élémentaires aux chrétiens. Quelques mois après, écrivant à son frère le chartreux, il lui annonçait un petit progrès dans la langue chinoise. « Maintenant, lui dit-il, j'en sais assez pour faire de petites instructions à mes chrétiens. Ainsi il est beaucoup meilleur pour eux de me posséder, tout ignorant que je suis, que de n'avoir point de prêtre pour les secourir en santé et dans la maladie ».

En visitant les chrétiens du Kiang-si notre Bienheureux pouvait leur tenir le même langage que saint

Paul aux fidèles de Corinthe : « Je ne viens pas à vous avec des discours remarquables par la sublimité de l'éloquence et les subtilités de la sagesse humaine; *Veni non in sublimitate sermonis aut sapientiæ;* je ne puis vous parler que le langage de l'infirmité et de la faiblesse : *Ego in infirmitate fui apud vos.* » Mais ce langage de l'infirmité et de la faiblesse renfermait la vertu de Dieu : par cette bouche, ignorante du beau langage, Dieu parlait et suppléait à l'insuffisance de son ministre par la puissance de sa grâce; l'ouvrier travaillait péniblement à la sueur de son front, et Dieu se plaisait à donner l'accroissement; *Deus autem incrementum dedit.*

Ces pauvres chrétiens, dans leur délaissement, avaient perdu jusqu'aux notions les plus élémentaires de la foi; il ne leur restait plus que le souvenir de leur baptême, et ce souvenir était comme enfoui sous un tas de superstitions plus grossières les unes que les autres. Il ne s'agissait pas de les améliorer et perfectionner, il fallait les engendrer de nouveau à la foi chrétienne, il fallait leur imposer un nouveau joug, le joug de la foi qu'ils ne connaissaient plus. Or, non seulement M. Clet eut la consolation de les ramener aux pratiques de la vraie foi, mais encore il eut la joie d'en faire de fervents chrétiens, pratiquant sans murmure et même avec une sainte allégresse les vertus qu'impose la loi chrétienne. Dieu lui fit aussi la grâce de convertir un bon nombre d'infidèles; en moins d'un an et demi, il baptisa une centaine d'adultes, et il en eût baptisé un plus grand nombre qui le pressaient de leur accorder cette grâce, s'il ne les avait pas trouvés insuffisamment instruits et affermis dans la foi; car il avait remarqué « que les catéchumènes facilement baptisés apostasiaient avec la même facilité; au premier souffle de persécution, ils affichaient le diable à leurs portes, ce qui était la marque d'une profession publique d'idolâtrie ». C'est de ce germe fécond que sortit la chrétienté devenue si intéressante et si florissante du Kiang-si sous l'action intelligente de Mgr Rameaux qui en fut le véritable créateur.

Ce premier succès avait encouragé M. Clet; il aimait les chrétiens et il en était aimé; il avait renouvelé la face de cette petite chrétienté, et malgré un isolement qui lui était pénible, il était bien décidé à vivre et à mourir au milieu de ses chrétiens. Toutefois ses supérieurs jugeant qu'un seul Missionnaire ne pouvait pas suffire à la conversion de cette immense province, ils résolurent dans le courant de l'année 1792 de lui envoyer un aide dans la personne de M. Hurel. Grande fut la joie de notre Bienheureux à cette nouvelle. Quand il put supposer que son confrère était arrivé à Macao, il lui adressa dans cette ville la lettre suivante qui respire un esprit tout apostolique.

« Mon cher confrère,

« Je m'empresse de vous dire combien je partage avec vous la joie que vous fait éprouver l'accomplissement de vos vœux; je sais que vous auriez préféré la capitale où vous auriez pu vous rendre utile par votre habileté dans l'horlogerie; mais n'allez pas vous imaginer que la capitale soit préférable aux provinces. D'ailleurs, votre talent d'horloger ne sera pas inutile ici; si vous étiez depuis quelques mois dans le Kiang-si, je n'aurais pas été obligé d'envoyer ma montre à Macao pour la faire réparer. Mais sans m'appesantir sur ce raisonnement, je suis persuadé que vous n'avez à cœur que de faire la volonté de Dieu; dès lors, les ministères, les lieux, vous sont indifférents, et vous ne donnerez votre préférence qu'à ceux que vous aurez lieu de croire conformes aux vues de Dieu sur vous. Or, vous savez aussi bien que moi qu'un moyen infaillible de connaître et de vouloir ce que Dieu veut, c'est de n'avoir point de volonté propre. Venez donc où la Providence vous appelle; vous trouverez dans la mission qui vous est destinée de quoi exercer suffisamment votre zèle, sans compromettre vos forces; nous vous avons un peu aplani les voies. La visite que nous avons faite aux chrétiens, les a préparés à mieux profiter des avis que vous leur donnerez; vous ne serez, pas comme nous, dans la nécessité de leur imposer un nouveau joug qu'ils ignoraient; vos soins seront seulement de les amener à le porter sans murmure et avec joie. Qu'il me sera doux de vous embrasser et de m'entretenir avec vous, après avoir cru que je serais séparé de vous à jamais et que je ne vous reverrais que dans l'éternité. Recevez », etc.

Malheureusement la France se trouvait alors en pleine tourmente révolutionnaire. M. Cayla, Supérieur général des Lazaristes étant en exil à Rome, M. Hurel ne put partir pour la Chine et M. Clet dut se résigner à rester seul au Kiang-si.

Toutefois, son isolement ne devait pas durer longtemps; MM. Aubin et Pesné qui administraient l'immense province du Hou-kouang se trouvaient épuisés par la maladie; M. Clet reçut ordre d'aller leur porter secours et d'établir sa résidence auprès d'eux; du Hou-kouang les Missionnaires rayonneraient jusque dans le Kiang-si, pour entretenir cette chrétienté, en attendant qu'on fût en mesure d'y envoyer des Missionnaires européens jeunes et vigoureux. Voilà donc M. Clet sur le théâtre où l'appelait la divine Providence.

CHAPITRE IV

Arrivée de M. Clet au Hou-kouang. — Description de cette province. — Heureux commencement de cette chrétienté. — Ses épreuves. — Mort de MM. Aubin et Pesné. — Révolte de la secte du Nénuphar. — Brigandage dont le Hou-kouang est le théâtre. — Travaux apostoliques de M. Clet. — Projet d'érection en vicariat apostolique du Hou-kouang en faveur de M. Clet.

1793-1805

C'était dans cette immense province du Hou-kouang que M. Clet devait passer les vingt-sept dernières années de sa vie ; là qu'il devait consommer son sacrifice. Il quittait une province fertile, riche des biens de la terre, mais ne possédant, quant aux biens du ciel, que le petit grain de sénevé de la foi que sa main y avait jeté en passant ; il arrivait dans une autre province, plus riche encore que la première des biens de la terre, et plus pauvre aussi des biens du ciel.

Le Hou-kouang est un pays de plaines arrosé d'un grand nombre de cours d'eau ; il a mérité le nom de « grenier de la Chine ».

La population toujours croissante de cette région obligea l'administration de l'empire à la diviser en deux provinces distinctes : le Hou-pé et le Ho-nan. Le Hou-pé passe pour avoir cent vingt-sept lieues de long et soixante-dix de large ; le Ho-nan a cent vingt lieues de long et cent de large. On peut juger par ces chiffres de l'activité que durent déployer les trois Missionnaires, et plus tard M. Clet, resté seul, pour administrer les chrétientés éparses sur cette immense superficie.

2.

Et encore leur action ne devait pas se renfermer dans les limites de cette vaste circonscription; elle devait rayonner jusque dans les provinces limitrophes; et notamment dans le Ho-nan. Le Ho-nan a une superficie de dix mille lieues carrées; couvert de gras pâturages, de riches moissons, d'arbres fruitiers, parsemé de fleurs variées, le Ho-nan est regardé comme le jardin de la Chine, et à cause de sa position au centre de l'empire, on l'appelle *la Fleur du milieu.*

Mais les biens de ce monde ne sont pas le partage des enfants de Dieu; au sein de cette abondance, les pauvres chrétiens vivent dans une affreuse misère. Cette chrétienté a une origine très intéressante. Elle est l'œuvre du P. Louis-ko, jésuite chinois, qui fut le condisciple du P. Yang au séminaire Saint-Firmin, à Paris. Après la suppression des Jésuites, il était resté en Chine, se dévouant isolément à la conversion des infidèles du Hou-kouang. Comme il avait fait de solides études, il faisait le bien solidement; il valait un Européen pour les missions. En quittant le Hou-kouang, il avait laissé sa petite chrétienté on ne peut plus florissante; c'était comme une vision de la primitive Église; ses chrétiens ne savaient que prier Dieu et labourer la terre; un évêque européen, qui avait eu l'occasion de traverser cette province, affirmait avoir fait plusieurs lieues sans rencontrer un seul idolâtre. Une persécution locale ayant éclaté dans cette contrée, au temps où le P. Louis-ko lui consacrait son dévouement, quelques chrétiens firent défection; mais ils n'étaient pas apostats par le cœur; touchés de repentir et honteux de leur chute, ils allèrent d'eux-mêmes s'offrir aux persécuteurs, prêts à subir le martyre pour réparer leur faute.

Mais la persécution qui éclata en 1784, au moment où M. Raux posait le pied sur la terre de Chine à Macao, fut vraiment désastreuse pour la chrétienté du P. Louis-ko; n'ayant plus au milieu d'eux de Missionnaires pour les soutenir, les chrétiens du Hou-kouang apostasièrent en masse. C'est au milieu des débris épars de cette chrétienté autrefois si florissante, et alors décimée, que M. Aubin, missionnaire lazariste, arriva, vers 1790, pour rassembler ce qui restait de chrétiens fidèles.

Traqués comme des bêtes fauves, ces malheureux se réfugièrent dans les montagnes, au milieu des rochers et des forêts, pour échapper à la rage de leurs persécuteurs, et suivre la religion du Dieu du ciel, sinon en toute sécurité, du moins hors du danger. Là, dans ces solitudes sauvages, ces bons chrétiens rappelaient les confesseurs de la foi dont parle saint Paul dans l'épître aux Hébreux: «*In solitudinibus errantes, in montibus et speluncis, et in cavernis terræ; circuierunt in melotis, in pellibus caprinis, egentes, angustiati, afflicti :* Persécutés, affligés, manquant de tout, ils erraient tristement dans les solitudes, dans les montagnes, obligés de se cacher dans les cavernes, dans les antres de la terre. » Mais encouragés par la présence de M. Aubin, et de M. Pesné qui le rejoignit une année après, et qui tous deux partageaient leurs privations, ils ne comptaient pour rien les épreuves auxquelles ils étaient en butte; ils surabondaient de joie au milieu de leurs tribulations. C'est dans cette retraite sauvage, que M. Clet, en quittant le Kiang-si, était venu se joindre à ses deux compagnons d'apostolat.

Ce secours arrivait à point aux deux Missionnaires déjà épuisés par les fatigues et les privations de toute sortes, pour faire face aux événements qui allaient de nouveau jeter le trouble dans cette chrétienté qui commençait à peine à se relever de ses ruines. Pour le moment, la persécution sommeillait; mais à la mort du vieil empereur Kien-long, arrivée le 6 février 1796, elle sembla vouloir se réveiller. Ce réveil se rattache à la fameuse question des rites chinois.

La cour de Rome avait tranché la question par la condamnation formelle de ce mélange de pratiques païennes et de cérémonies catholiques. Cette condamnation avait été lue solennellement dans les quatre grandes églises de Pékin; mais la cour impériale n'en avait tenu aucun compte.

Donc, à la mort de Kien-long, tous les Européens, prêtres missionnaires, artistes, savants, mathématiciens, astronomes, médecins, peintres, géographes, et tous les chrétiens, furent conviés à la cérémonie du « Ko-teou ». Voici l'explication que M. Clet nous donne de cette cérémonie. Elle consiste à faire trois prostrations devant le cercueil des empereurs défunts. Lorsque tout est prêt pour la cérémonie, le premier président du tribunal des rites met dans la main du nouvel empereur le vase de vin qui doit servir aux libations; alors l'empereur verse le vin dans un grand bassin d'or; et au même instant, au signal du maître des cérémonies, le mandarin présent, et tous les assistants, font trois prostrations devant le cercueil, en frappant, à plusieurs reprises, la terre avec le front.

Les Missionnaires lazaristes accrédités à la cour de Pékin reçurent trois sommations, leur rappelant les lois de l'empire en cette circonstance; mais considérant à bon droit que cette cérémonie était superstitieuse à cause des libations qui en faisaient partie, ils laissèrent les trois sommations sans réponse ; à l'exemple de MM. Appiani, Mulner et Pedrini, leurs confrères, ils aimèrent mieux s'exposer à la mort que de trahir leur foi. Leur silence était peut-être pour eux leur arrêt de mort, et ils en étaient tellement convaincus, qu'ils avaient déjà rédigé leur testament; mais leur généreuse résolution eut un tout autre résultat que celui qu'ils pouvaient redouter.

Les funérailles terminées, chacun se rendit à son tribunal respectif, où tous furent reçus avec tous les égards dus à leur dignité.

L'empereur lui-même, dans un rescrit impérial, loua hautement leur conduite en ces termes : « *Europæi Pekinenses, sunt homines sinceri, agiles, addicti suæ religioni; ne vexentur propter nostras cæremonias, permittantur omnino servare omnes regulas suæ religionis* : Les Européens qui demeurent à Pékin sont des hommes probes, laborieux et attachés à la religion ; qu'on ne les inquiète pas à l'occasion de nos cérémonies, et qu'on les laisse entièrement libres de suivre toutes les cérémonies de leur foi. »

Le Ko-teou eut aussi son contre-coup en province et jusque dans le Hou-Kouang; la bienveillance de l'empereur n'avait eu d'effet que pour Pékin; les provinces avaient été laissées à l'arbitraire des mandarins, qui se montraient plus ou moins hostiles à la diffusion de la religion chrétienne et, pendant de longues années encore, les Missionnaires avaient eu à lutter contre ce retour aux pratiques païennes dans les cérémonies religieuses.

Mais un effet vraiment désastreux du changement de règne fut de déchaîner dans les provinces la guerre civile avec toutes ses horreurs, et c'est dans le Hou-kouang qu'elle se déchaîna avec le plus de fureur.

« Depuis deux ans et demi, écrit M. Clet, je ne puis plus faire des excursions au loin, à cause d'une guerre civile dont ma province a été et est encore un des principaux théâtres. Les rebelles forment une secte infiniment nombreuse, dont le but est de détrôner la dynastie tartare qui occupe le trône depuis 1644, pour la remplacer par un gouvernement du pays. Cette secte qui paraît très ancienne s'appelle : *Pei-sien-kiaô*, ou membres de la secte du *Nénuphar*; elle prend occasion de la mort de l'empereur pour se livrer à la dévastation et au brigandage.

« Ces bandits sont liés entre eux par les plus terribles serments; les frères du Nénuphar sont tenus au secret le plus inviolable et à l'obéissance la plus aveugle à leurs chefs. Leur hiérarchie, leurs lois, font de la secte un véritable gouvernement occulte; ils ne nourrissent aucune haine contre la religion ni contre les chrétiens; mais ils les poursuivent, les pillent, les incendient, les massacrent comme étrangers à leur parti. On ne saurait se faire une idée des ravages causés par leur audace. »

Pour se soustraire à la fureur de ces hordes sauvages, les chrétiens avaient dû se réfugier dans les montagnes, dans les rochers, au milieu des forêts; de cette retraite aride et désolée, où le gros du troupeau confié à leurs soins vivait dans de continuelles angoisses, les trois Missionnaires partaient, à tour de rôle, déguisés le mieux possible pour aller, pendant les jours d'accalmie, visiter les chrétientés éparses dans toute l'étendue de leur mission.

L'arrivée de M. Clet au Hou-kouang, auprès de MM. Aubin et Pesné, dont les forces déclinaient visiblement, avait été le signal d'une véritable renaissance de cette chrétienté déchue de sa ferveur primitive ; leur action combinée donna une impulsion nouvelle au retour vers. Dieu. De son exil à Rome, M. Cayla, Supérieur général de la Congrégation de la Mission, écrivait aux maisons de sa Compagnie : « MM. Clet, Aubin et Pesné, m'ont beaucoup consolé par le récit de leurs travaux au milieu de la moisson la plus abondante; mais ne vont-ils pas succomber sous le poids de la fatigue et d'un labeur qui demanderait des miracles de zèle ? Je suis d'autant plus affligé de ne pouvoir leur envoyer aucun secours, que la santé de M. Aubin s'affaiblit, que celle de M. Pesné est chancelante et que la perte de ces dignes ouvriers serait irréparable : je réclame pour eux la ferveur de vos prières. »

Hélas ! les alarmes du digne Supérieur général n'étaient que trop fondées; lorsqu'il traçait ces lignes, M. Aubin n'était déjà plus, et M. Pesné ne devait pas tarder à le suivre dans la tombe.

La mort de M. Aubin mérite une mention particulière. Ce digne Missionnaire se rendait auprès du vicaire apostolique du Chang-si, dont la juridiction s'étendait sur le Hou-kouang et qui désirait se décharger de toute autorité sur cette province et obtenir de Rome qu'on y erigeât un vicariat apostolique. D'accord avec M. Raux, supérieur des missions de Pékin, le prélat pensait que M. Aubin se trouvait tout désigné pour en être le premier titulaire, et avant de le proposer à Rome, pour cette charge, il l'avait mandé auprès de lui, afin de lui faire part de ses projets à son égard. Passant par Si-ngan, capitale du Chang-si, qu'il devait traverser pour se rendre au but de son voyage, le Missionnaire logea chez un chrétien de la ville. Comme il avait peu l'air chinois, il fut reconnu par un païen ennemi de son hôte, lequel le dénonça au mandarin. Il avait déjà quitté Si-ngan-fou; les satellites envoyés à sa poursuite le rejoignirent sur la route, et le ramenèrent chargé de chaînes, les fers aux pieds et aux mains, avec ses deux guides, chrétiens l'un et l'autre, et qu'on avait arrêtés en même temps. On les jeta tous trois en prison. Les deux guides furent même appliqués à la torture; on leur fit subir de nombreux interrogatoires, mais leurs réponses ne trahirent aucun chrétien, aucun Missionnaire, et déjouèrent tous les pièges qu'on leur tendait pour leur arracher quelque aveu compromettant. Les mandarins avaient agi à l'insu du vice-roi de la province qui blâma sévèrement leur conduite. L'empereur lui-même en fut informé et donna l'ordre d'amener les trois prisonniers à Pékin pour qu'ils y fussent interrogés et jugés. Sur ces entrefaites, M. Aubin tomba gravement malade et mourut au bout de quelques jours. On attribua sa mort à une fièvre; mais il fut avéré depuis qu'il avait été empoisonné. Dans la crainte du châtiment qu'ils méritaient, les mandarins s'étaient hâté de faire disparaître leur prisonnier.

M. Aubin avait vu venir la mort avec la sérénité d'une âme en paix avec Dieu; à un chrétien qui avait obtenu la permission d'aller le visiter dans sa prison, et lui demandait s'il n'avait besoin de rien, il répondit avec douceur : « Je ne désire autre chose que de voir mon Dieu; et il est l'objet de toutes mes pensées. » La mort de ce saint Missionnaire, dont le dévouement était universellement apprécié, fut un coup terrible pour la chrétienté du Hou-kouang; tous les chrétiens regardaient M. Aubin comme un saint; trois jours après son décès, ses membres avaient conservé toute leur flexibilité naturelle; un suave parfum s'exhalait de sa bouche; tous le regardaient comme un martyr.

Mais quelqu'un qui ressentit vivement la perte de M. Aubin, ce fut M. Clet; il perdait en lui un père bien-aimé, un digne compagnon d'apostolat, un ami auquel il était uni par les liens d'une amitié toute paternelle. Hélas! Dieu lui ménageait une autre épreuve non moins cruelle : quelques mois après la mort de M. Aubin, M. Pesné succombait à son tour, sous ses yeux, entre ses bras. Sa santé chancelante n'avait pas pu supporter les fatigues de son dur apostolat; il mourait à vingt-neuf ans d'un crachement de sang.

Voilà donc M. Clet privé de deux compagnons extrêmement précieux, le voilà seul pour administrer une province où se trouvent disséminés plus de dix mille chrétiens; et cela dans des circonstances extrêmement périlleuses. Il marchait constamment entre la vie et la mort; il pouvait dire avec le prophète royal : « *Uno tantum gradu, ego morsque dividimur :* Je ne suis séparé de la mort que d'un pas. » Il ne pouvait quitter sa résidence, située dans les montagnes au milieu de ses chrétiens, sans courir le risque de tomber entre les mains des rebelles qui infestaient toute la contrée. « Ils marchent, écrit-il, par bandes errantes et vagabondes, qui, pourchassées d'un canton, se transportent dans un autre; et leur passage est semblable à un ouragan qui renverse et dévaste tout. Ils brûlent les maisons ainsi que les denrées qu'ils ne peuvent consommer, et massacrent ceux qui n'ont pu fuir. L'année dernière, ils ont entièrement dévasté une de nos chrétientés assez nombreuse; le seul oratoire a été épargné; toutes les autres maisons ont été la proie des flammes; mais ils n'ont tué qu'un seul chrétien trop lent à fuir dans les lieux escarpés. »

M. Clet n'avait pas seulement à protéger sa vie contre les incursions de ces barbares, il avait aussi à protéger celle de son cher troupeau. « Mes chrétiens, dit-il, n'ont pas à craindre pour leurs biens, car ils en sont totalement dépourvus. Ils sont tous pauvres ; la plupart de leurs maisons sont des chaumières percées à jour de tous côtés. Les deux tiers au moins manquent d'habits nécessaires contre le froid assez rude dans nos montagnes. Ils manquent de couvertures de lit, et sont réduits, pour pouvoir prendre quelque sommeil, à s'enfouir dans la paille ; et pour se chauffer, à chercher dans les champs certaines plantes combustibles ; et ainsi pendant trois ou quatre mois de l'année. »

Mais, si ces malheureux n'avaient pas à craindre pour leurs biens, leur vie était à la merci de la première bande de rebelles qui s'approcherait de leur retraite. On ne pouvait guère compter sur le secours des troupes impériales, car, cantonnés dans les défilés des montagnes, ces rebelles échappent à toute répression ; les chrétiens étaient réduits à se défendre eux-mêmes ; ils ne pouvaient compter que sur eux-mêmes. Dans cette situation critique, c'est M. Clet qui se fit l'organisateur de la défense ; il était l'âme et le conseil de cette poignée de chrétiens sans défense ; tous obéissaient à son commandement.

« Pour nous mettre à l'abri de leurs surprises, écrit-il, nous et nos chers chrétiens, nous avons formé des camps fortifiés dans les sommets de nos montagnes, où nous avons bâti des maisons, où chacun transporte son peu de mobilier et où nous nous retirons au premier bruit d'alarme. Comme ces camps sont fort multipliés, on s'avertit d'un camp à l'autre par quelques coups de canon, au bruit desquels chacun plie bagage et se retire au camp, d'où l'on descend quand l'orage est passé. Il arrive assez souvent que l'alarme est fausse et qu'on fuit, *nemine persequente*, quand personne ne poursuit; mais il arrive aussi, qu'ils surprennent ceux qui, par trop de confiance, pensent trop tard à se mettre à l'abri par la fuite.

« J'ai couru plusieurs fois un danger notable de tomber entre leurs mains; mais la Providence m'en a préservé pour mon troupeau, qui se disperserait en grande partie s'il était dépourvu de pasteur. Ils ont visité ma maison et en ont enlevé tout ce qu'ils ont voulu sans la brûler. Ma maison a deux chambres; ils ont envahi la première; j'étais tranquillement assis dans la seconde; ils n'avaient qu'à ouvrir la porte et j'étais pris : ils ne l'ont pas ouverte. Ils se sont amusés à boire mon vin et sont partis. Ah ! je pouvais bien bénir la Providence, car ce n'est que grâce à sa toute-puissante intervention que j'ai échappé à une mort que je croyais certaine.

« C'est de notre camp que je vous écris; car, il y a quelques jours, les rebelles se sont encore avancés et rapprochés de nous, mais cette fois nous en avons été quittes pour la peur; ils ont rebroussé chemin comme s'ils eussent été poussés par une force invisible, et sont allés porter leurs ravages je ne sais où; ainsi nous ne sommes jamais tranquilles. »

Au milieu de ces dangers et alertes continuelles, le vigilant pasteur possédait son âme dans la paix et la confiance en Dieu; s'il se mettait en sûreté, ce n'était point par crainte de la mort en elle-même, c'était pour ne point laisser son cher troupeau à la gueule des loups. Une pensée toutefois hantait son esprit, c'était la crainte de voir la palme du martyre lui échapper.

« Il n'y a aucun profit, disait-il, à mourir des mains des rebelles; car ce n'est pas à notre religion qu'ils en veulent; ils l'ignorent totalement; ils n'ont pas même l'idée de Dieu; ce n'est pas à notre foi qu'ils font la guerre, c'est uniquement au gouvernement tartare dont ils sont les ennemis acharnés. »

Cependant M. Raux, supérieur des missions de Pékin, se préoccupait de la situation des Missionnaires et des chrétiens du Hou-kouang, sachant de quels excès les rebelles étaient capables; il avait envoyé des courriers à Macao, dans le but d'avoir des nouvelles de M. Clet, pour les transmettre à Paris. « Mes envoyés, écrivait-il, ont réussi à pénétrer dans le Hou-kouang; ils m'apportent des lettres de M. Clet, mais ils ne le virent point; il était alors caché dans les montagnes. Peu de temps auparavant, il avait eu une nouvelle visite des rebelles lesquels ravagèrent sa mission, et tuèrent ou firent prisonniers une cinquantaine de chrétiens; mais peu après ceux-ci s'échappèrent des griffes de ces tigres. Pendant cette déplorable dispersion du troupeau, le pasteur se tenait caché dans des cavernes ou dans des anfractuosités de rochers. Après le départ des rebelles il put enfin respirer et rassembler son cher troupeau. Quoi qu'il en soit, il m'écrit qu'il est dans la ferme et immuable résolution d'attendre la volonté de Dieu au milieu de ses chrétiens. »

Mais il était dit qu'aucun genre de tribulation ne devait manquer à ces pauvres chrétiens; au milieu des dangers dont ils étaient sans cesse menacés, ils furent l'objet d'une calomnie qui pouvait avoir pour eux des conséquences incalculables. Une dénonciation perfide les avait signalés à l'autorité comme étant complices des rebelles. C'était une persécution des plus violentes qui allait éclater à brève échéance. Grâce au bon sens et à la perspicacité du mandarin, le mal fut conjuré ; ayant fait comparaître quelques notables chrétiens, il acquit facilement la conviction que tous étaient victimes d'une infâme calomnie. Confiant dans leur bonne foi, il fit exécuter impitoyablement trois des principaux auteurs de cette infernale machination.

C'est au milieu de ces alarmes et de ces alternatives de tranquillité et d'alertes, que, pour la première fois depuis son arrivée en Chine, M. Clet reçut des nouvelles de ses parents ; sachant que la France était le théâtre de la plus effroyable des révolutions, il n'était pas sans inquiétude au sujet de son frère le chartreux et de sa sœur Anne, carmélite. Il écrivait aux uns et aux autres, mais ses lettres ne recevaient pas de réponse. Nous ne pouvons suivre le Bienheureux dans sa correspondance avec sa famille, avec ses frères et sœurs pour avoir de leurs nouvelles ; disons seulement que son frère le chartreux, pendant la tourmente, s'était réfugié à Rome où il rencontra M. Cayla qui lui servit d'intermédiaire pour correspondre avec la Chine. Puis, après l'invasion des États de l'Église par les armées françaises, nous le perdons de vue, et nous le retrouvons en 1812 à Grenoble, où il eut la consolation de mourir dans son habit religieux. Moins heureuse que son frère, la carmélite fut arrachée de son cloître, jetée en prison, et rendue violemment à la vie séculière.

Mais l'amour des parents n'empêchait pas M. Clet de remplir ses devoirs de pasteur ; sa chrétienté croissait, se développait et lui offrait déjà les fruits les plus consolants, qui le dédommageaient amplement des durs travaux qu'il s'imposait. Dans une lettre adressée à un membre de sa famille, il s'estimait heureux de se trouver en Chine, où il était plus en sûreté pour servir Dieu que dans certains pays d'Europe. L'éloge qu'il fait de ses chrétiens, montre que son manque d'aptitude pour la langue chinoise, n'était pas un obstacle au bien; on serait même porté à croire que cette prétendue inaptitude n'était pas réelle; ce qui était réel, c'était le désir de s'avilir à ses propres yeux et aux yeux des hommes. « Ici, dit-il, nous avons quelques chrétiens tièdes; mais, grâce à Dieu, nous n'avons point de philosophes ni de femmes théologiennes. Tous, ou presque tous, croient bonnement, sur la parole des Missionnaires. Il s'en faut de beaucoup que nos chrétiens soient impeccables; mais presque tous viennent entendre la voix de leur Père, recevoir ses instructions, et chercher des remèdes aux maux de leur âme. La plupart, bien loin de fuir le confessionnal, se confessent plus rarement qu'ils ne voudraient; la pénurie d'ouvriers évangéliques nous force à en repousser plusieurs du tribunal pour donner audience à d'autres qui depuis longtemps ne s'en sont pas approchés. Nos oreilles ne sont jamais frappées de blasphèmes; proportion gardée, il y a peut-être plus de chrétiens en Chine qu'en France. »

C'est qu'en effet les premières années du règne de l'empereur Kia-King furent des années de liberté relative, ou, du moins, de tolérance pour l'exercice de la religion chrétienne. Toutefois, les lois de proscription, précédemment portées par ses prédécesseurs, n'avaient pas été abrogées, et restaient toujours comme une menace suspendue sur la tête du Missionnaire et des chrétiens; leur sort était entre les mains des autorités locales, dont les dispositions pouvaient être plus ou moins hostiles.

Dans cette situation, M. Clet exerçait son ministère librement, mais prudemment; l'important pour
le succès de son apostolat était de ne point braver ou-
vertement les lois; grâce à cette précaution, les autorités fermaient les yeux sur tout le reste.

« Depuis plus de quinze ans, dit-il, il n'y a pas eu
de persécutions contre la religion, que nous ne pouvons toutefois prêcher publiquement, parce que l'empereur ne tolère les Missionnaires que dans la capitale, et non dans l'intérieur des provinces, dans
lesquelles nous nous introduisons furtivement. Aussi,
l'exercice de notre saint ministère est toujours censé
secret et caché; en sorte que, si nous nous avisions
de prêcher publiquement, nous serions aussitôt pris,
et probablement renvoyés dans notre pays, au grand
détriment de nos ouailles, qui, dépourvues de pasteurs, deviendraient bientôt la proie des loups.

« Notre ministère, toutefois, n'est pas tellement
secret que les païens voisins de nos chrétiens n'en aient
connaissance; je suis même connu d'eux; ils savent
bien que je suis Européen; mais ils gardent le silence,
n'ayant aucun intérêt à parler. Ils me voient même
quelquefois, accompagner publiquement les défunts
à la sépulture, revêtu du surplis et de l'étole. »

Si le serviteur de Dieu pouvait ainsi accomplir son
sacré ministère sous l'œil bienveillant de la population infidèle, il le devait au prestige qui s'attachait à
son nom; sa bonté, son inaltérable douceur, ses ma-
nières pleines d'aménité et de prévenance, lui avaient
gagné tous les cœurs; bon nombre de païens le vénéraient comme un père. Donc, si la religion ne faisait
pas de progrès marquants, on ne pouvait pas, pour
le moment, en rendre responsable la population
païenne; la lenteur du mouvement chrétien ne devait

être attribuée qu'à la pénurie d'ouvriers évangéliques.

C'était, en particulier, le cas du Hou-kouang; depuis la mort de MM. Aubin et Pesné, M. Clet n'avait plus avec lui qu'un ou deux prêtres chinois; et, vu l'état des choses en France, il ne pouvait attendre aucun secours de Paris.

Pour suppléer au nombre, le zélé Missionnaire se multipliait au delà de ses forces; il entreprenait des courses qui le retenaient quelquefois une année entière éloigné de sa résidence habituelle; et durant lesquelles il rencontrait des chrétientés qui étaient restées vingt ans sans voir un prêtre. Son zèle apostolique s'exerçait sur un espace de deux cents lieues; on le trouvait partout où il y avait quelques âmes à arracher aux griffes de Satan; il faisait à l'enfer une guerre sans merci; son activité était devenue proverbiale dans les différentes provinces de la Chine. Un Missionnaire de Macao, qui avait eu l'occasion de traverser le Hou-kouang pour se rendre à son poste, écrivait à Paris : « Je n'ai pas pu voir M. Clet, parce que *ce terrible ennemi de Béezébuth* était à faire sa tournée apostolique. »

De retour au centre de sa mission, M. Clet se reposait quelques jours de ses voyages, en confessant neuf à dix heures par jour. Ses supérieurs n'étaient pas sans inquiétude au sujet de sa santé que ce surcroît de travail pouvait compromettre; aussi, le nouveau supérieur de Pékin, M. Ghislain, se crut obligé de lui recommander de modérer son zèle, de mieux se nourrir, et de prendre chaque mois quelques jours de repos; mais le Bienheureux ne put jamais s'y résigner, craignant que son repos ne tournât au détriment des âmes qui lui étaient confiées. Souvent même il arrivait que lorsqu'il était bien fatigué des travaux de la journée, on venait l'inviter à aller à deux ou trois lieues pour assister des malades, et on le trouvait toujours prêt à partir.

Par suite de ce surcroît de travail, il fit plusieurs maladies, dont une assez grave ; mais, n'écoutant que son zèle, sa santé était reléguée au second plan ; à toutes les recommandations qu'on lui faisait, il répondait plaisamment : « Mes maladies m'ont rendu un immense service : la maigreur a succédé à mon embonpoint ; et maintenant, je suis bien plus leste pour parcourir nos montagnes. Je fais toujours mes voyages à pied, j'en suis moins fatigué qu'en montant à cheval, ce qui m'est offert souvent, mais toujours refusé. »

Les succès et les vertus du Bienheureux avaient attiré l'attention des supérieurs sur lui. Le Hou-kouang était placé sous la juridiction du vicaire apostolique du Chang-si ; la distance entre ces deux provinces rendait les rapports très difficiles. Pendant l'année 1804, M. Ghislain avait formé le projet de faire ériger le Hou-kouang en vicariat apostolique, sous la direction de M. Clet, mais la divine Providence permit que son humilité échappât à cette épreuve. Le projet n'eut pas de suite. D'autres préoccupations vinrent donner le change à ces idées pacifiques : une nouvelle persécution, la première du règne de l'empereur Kia-King, venait d'éclater, troublant la paix relative dont jouissaient les Missionnaires.

Certes, le serviteur de Dieu regardait la persécution comme le plus grand de tous les maux, à cause de ses conséquences incalculables ; mais, cette fois, il fut tenté de la bénir et de saluer son apparition avec reconnaissance ; elle le faisait échapper à l'honneur de l'épiscopat qu'il redoutait plus que la mort. Non seulement il se croyait indigne de cet insigne honneur, mais encore il se regardait comme un serviteur inutile et un obstacle à l'œuvre de Dieu. Il ne comprenait pas qu'on trouvât sa conduite digne d'éloges : « Dépourvu comme je le suis de l'esprit d'oraison, je n'attire pas la bénédiction sur mon ministère ; n'ayant qu'une piété commune, mon ministère ne dépasse pas le niveau de ma piété. » Tandis que le Bienheureux se jugeait ainsi, ses confrères ne pouvaient assez admirer la sûreté de sa doctrine et ses sólides vertus ; ils le regardaient comme l'oracle des Missionnaires de la Chine.

CHAPITRE V

Persécution de 1805. — Ses causes. — Ses effets. — M. Clet reçoit un renfort de Missionnaires chinois. — Une école apostolique à Pékin. — Instances inutiles de M. Clet pour être déchargé de la supériorité. — Destination et voyage accidenté de M. Dumazel pour le Hou-kouang. — M. Clet apôtre. — Homme de communauté. — Supérieur. — Directeur spirituel. — Administrateur.

1805-1811

La persécution de 1805 remonte à une cause purement fortuite, dont la malveillance et l'esprit soupçonneux des autorités chinoises prirent occasion pour troubler la paix dont les chrétiens jouissaient sous les règnes précédents.

Un chrétien chinois se rendant de Pékin à Macao avec le courrier des Missionnaires, fut arrêté dans le Kiang-si par la police qui croyait avoir mis la main sur un voleur qu'elle recherchait. Il fut fouillé minutieusement. Les lettres dont il était porteur ne contenaient rien de compromettant; mais dans le paquet de lettres se trouvait une carte de la province de Kiang-nan, et indiquant avec précision le chemin qui conduit de la mer aux limites de la province de Pékin. Cette carte, œuvre du P. Adéodat, était adressée à la Propagande, pour qu'elle tranchât, en connaissance de cause, un différend survenu entre les Missionnaires italiens et portugais, relativement aux limites de leurs territoires respectifs. Les mandarins virent dans cette découverte une menace de l'Europe contre la capitale de l'Empire; n'écoutant que leur haine contre les étrangers, ils ne pouvaient laisser passer une aussi belle occasion d'aigrir l'esprit de l'empereur contre les Missionnaires et les chrétiens.

Leur rapport eut l'effet qu'ils désiraient sur l'esprit de l'Empereur, qui après avoir reçu ces informations, lança le décret suivant :

« Nous voulons qu'on publie partout des édits pour prohiber la secte chrétienne, afin que tous les habitants de notre empire sachent que si, dorénavant, ils ont avec les Européens quelques communications et correspondances dont l'objet soit la pratique et la propagande de leur religion, ces transgresseurs de nos lois et de nos ordonnances seront sévèrement punis, sans aucun espoir d'indulgence. »

Dès ce moment, les Missionnaires de Pékin, jusquelà accueillis à la Cour avec sympathie, se voient l'objet d'une étroite surveillance ; les portes de leurs églises sont gardées par des soldats, pour en défendre l'entrée aux fidèles. C'était la persécution ouverte. Le P. Adéodat, l'auteur de la carte incriminée, est exilé en Tartarie ; les chrétiens de la capitale sont mis en demeure d'abjurer leur croyance sous peine d'être condamnés à d'affreuses tortures. Quelques-uns cédèrent à la violence des tourments, d'autres demeurèrent fermes et inébranlables dans leur foi.

Pour obliger ces malheureux à marcher sur la croix, les bourreaux eurent l'infernale idée de leur tracer l'image de la croix sous la plante des pieds, en perçant les chairs jusqu'à l'os avec des épingles et des pointes de fer. Quatre de ces pauvres chrétiens furent soumis à cet horrible supplice ; le premier se rendit tandis qu'on torturait son second pied ; le second s'évanouit entre les mains des bourreaux, qui l'abandonnèrent, le croyant mort.

Les deux autres tinrent bon jusqu'au bout, et l'on voyait à l'épanouissement de leur visage que le Seigneur leur communiquait une paix et une joie, qu'eux-mêmes ne pouvaient s'expliquer.

Un tout jeune homme, à qui l'on demandait, après ce supplice, comment il avait pu souffrir si cruellement sans se plaindre, fit cette réponse digne des grands martyrs de la primitive église : « C'est que je souffrais pour Notre-Seigneur qui a tant souffert pour moi. »

L'empereur, mieux informé, reconnut-il son erreur, ou bien craignit-il un soulèvement général des chrétiens qu'il savait fort nombreux dans son empire : on ne saurait le dire ; toujours est-il que le décret à peine publié dans les provinces, fut suivi d'un contre-ordre, enjoignant aux mandarins de se borner à le faire afficher, et à s'en tenir aux menaces sans en venir à l'exécution.

Ainsi, en dehors de Pékin, la persécution n'eut d'autres suites qu'une menace suspendue sur la tête des chrétiens, qui dès lors, se trouvaient à la merci de la malveillance ou des vengeances particulières des mandarins.

Notre Bienheureux put donc continuer de se livrer avec toute l'ardeur de son zèle à son laborieux apostolat. Toutefois il ne se faisait pas illusion sur l'avenir. Dans sa pensée, une fois entré dans cette voie, l'empereur ne s'arrêterait pas. La persécution n'aurait pas toujours ce caractère de violence et de barbarie qui s'était étalé au grand jour à Pékin, mais il fallait certainement s'attendre à des vexations de toutes sortes, pour paralyser l'action des Missionnaires, et entraver le développement de la religion chrétienne. Mais il ne se décourageait pas ; son parti en était pris ;

quoi qu'il advînt, il était résolu à mourir sur la brèche.

Sa grande préoccupation du moment, ce qui faisait sa peine et sa douleur, c'était la pénurie d'ouvriers évangéliques. Pour trois immenses provinces dont la superficie totale surpasse celle de la France, il n'avait pour auxiliaires que trois Missionnaires chinois : MM. Joseph Ly, Jean Tchang et Paul Song. Plus tard, sur ses instances, deux autres Missionnaires chinois vinrent renforcer ce petit nombre d'apôtres : MM. Ignace Ho, et François Chen, qui furent tous deux confesseurs de la foi.

Ces bons lazaristes chinois étaient l'œuvre de M. Ghislain, l'un des Missionnaires de Pékin. N'ayant que peu d'aptitude et encore moins de goût pour les sciences, il laissait à M. Raux, supérieur de la mission, tous les rapports extérieurs avec le palais impérial, se consacrant exclusivement aux œuvres de son ministère spirituel. Une de ses œuvres de prédilection était de préparer et de former de bons prêtres, capables de seconder un jour les Missionnaires européens.

Dieu s'étant plu à bénir cette entreprise inspirée par un zèle tout apostolique, ce bon et intelligent Missionnaire eut la joie, en quelques années, de donner à la Congrégation de la Mission une vingtaine d'excellents sujets qui se montrèrent de vrais apôtres, et dont quelques-uns confessèrent la foi généreusement.

Disons à la louange de M. Clet et de son esprit pratique, qu'il ne fut pas étranger à cette œuvre. Dans sa résidence, qu'il appelait plaisamment « son château de paille », au milieu des montagnes, dans le Hou-Kouang, il avait fondé une petite école de jeunes garçons ; un frère chinois avait la direction de cette école; lui-même y mettait la main de temps à autre, et, dans l'intervalle de deux tournées, par manière de repos, il se faisait maître d'école, et s'efforçait de rehausser autant que possible le niveau des études; et lorsque, parmi ces jeunes écoliers, il en remarquait quelques-uns, dont l'esprit ouvert et l'intelligence suffisamment développée, donnaient espoir qu'ils pourraient un jour arriver au sacerdoce, il les envoyait à Pékin pour poursuivre leurs études et s'initier aux vertus et à l'esprit ecclésiastiques sous la direction de M. Ghislain.

Ces prêtres ainsi formés étaient d'un grand secours pour M. Clet, qui avait le merveilleux talent d'utiliser chacun d'eux, selon ses goûts, ses aptitudes et son état de santé; mais leur présence ne répondait pas au désir intime qui couvait secrètement dans son cœur. Après la mort de M. Aubin, M. Clet lui avait succédé comme supérieur de la mission du Hou-kouang; et, s'il désirait si ardemment l'arrivée d'un Missionnaire européen, c'était, sans aucun doute, en vue de donner à la mission une nouvelle impulsion, mais aussi avec l'arrière-pensée de se décharger sur le nouveau venu du fardeau de la supériorité.

Dans ce dessein, il écrivait à M. Ghislain : « Je vous prie de vous rappeler ce que vous et M. Raux m'avez promis plusieurs fois, savoir : que l'arrivée d'un confrère européen me vaudrait la décharge de la supériorité, à laquelle je n'ai jamais rien entendu. Car vous savez bien qu'on ne m'a chargé de ce fardeau que par la nécessité de faire flèche du bois que l'on a. » Son humilité allait au-devant d'une pénible déception; à cette demande voici la réponse que fit M. Ghislain :

« Pour la décharge que vous demandez, je vous prie

de ne pas y songer, mais d'espérer que sous les cendres de cette humilité, qui vous fait désirer de vous soumettre à un autre, est caché l'esprit de Notre-Seigneur, qui sera lui-même, la direction de votre conduite, votre force en votre faiblesse, votre science en vos doutes et votre protecteur en vos besoins. » Il fallait courber la tête et se soumettre. Aussi bien sa répugnance pour la supériorité était la preuve qu'il en était digne. Le désir de la supériorité, disait saint Vincent, « renferme une grande malice ». Il suffisait qu'un Missionnaire eût manifesté le désir de cette charge pour qu'il l'en éloignât à jamais. Mais la Providence allait tempérer par une grande douceur la rigueur du sacrifice que l'obéissance imposait au digne supérieur du Hou-kouang : il allait enfin recevoir un confrère européen ; et c'était la persécution qui lui valait ce bienfait inappréciable.

Dans le courant de l'année 1805, deux Missionnaires lazaristes, MM. Richenet et Dumazel, se mettaient en route, pour se rendre de Canton à Pékin, où les envoyait un ordre de leur supérieur ; ils partaient sous la conduite d'un mandarin qui était venu les prendre, pour les amener à leur résidence selon le cérémonial usité à l'égard des Européens que l'empereur autorisait à séjourner dans sa capitale. Ils touchaient au terme de leur voyage, ils n'étaient plus qu'à six jours de marche de Pékin, lorsque éclata la persécution qui leur fermait tout accès à la capitale et aux portes de la mission française du Pé-tang. C'était le temps où les Missionnaires de Pékin étaient l'objet des mesures sévères et vexatoires dont nous parlons plus haut. Sur un ordre écrit de la main de l'empereur et qui leur fut communiqué par un envoyé de la Cour, dépêché au-devant d'eux, les deux Missionnaires durent rebrousser chemin, et revenir à Canton, d'où ils furent reconduits à Macao.

A cette nouvelle inattendue, M. Ghislain lança immédiatement deux courriers, qui avaient ordre de les rejoindre le plus tôt possible et de leur remettre des lettres, où il enjoignait à M. Richenet de se fixer soit à Canton, soit à Macao, pour gérer la procure de la Congrégation ; et à M. Dumazel d'aller rejoindre, s'il le pouvait, M. Clet au Hou-kouang.

Ce ne fut pas sans un regard de tristesse que M. Richenet vit son compagnon de voyage prendre le chemin du Hou-kouang, qui était depuis longtemps l'objet de ses rêves ; plein d'admiration pour M. Clet, qu'il regardait comme l'idéal du Missionnaire, il enviait son « château de paille » et sa pauvreté tout apostolique. Mais, d'autre part, M. Dumazel n'était nullement disposé à lui céder cet honneur ; il regardait en effet comme un poste d'honneur, cette province du Hou-kouang, où il y avait tant à travailler et à souffrir ; il savait M. Clet seul Missionnaire européen pour évangéliser cette immense province ; le nom de M. Clet était dans toutes les bouches ; on ne parlait que de ses travaux, de ses luttes, de sa pauvreté, de son intrépidité au milieu de mille dangers : M. Clet absorbait toutes ses pensées.

Mais des années entières devaient s'écouler avant la réalisation de ce désir. Le voyage n'était pas sans danger pour un prêtre européen ; les ordres de l'empereur étaient des plus sévères, les mandarins faisaient bonne garde ; se rendre au Hou-kouang par la voie directe, c'était se jeter dans les griffes de l'ennemi ; M. Dumazel dut faire un long détour par la Cochinchine et le Tong-king ; du Tong-king il devait pénétrer dans le Yu-nan, et du Yu-nan dans le Su-tchuen qui confine au Hou-kouang.

Le zèle du vaillant apôtre, que mille obstacles avaient retenu jusqu'ici loin du théâtre des combats et des champs de l'honneur, devait être encore soumis à de nouveaux retards.

Il fallait que la main de Dieu apparût visiblement dans l'heureuse issue de ce périlleux voyage. Arrivé dans la haute Cochinchine, M. Dumazel tomba gravement malade. Il y resta près d'un an, entre la vie et la mort. Trois maladies s'aggravant l'une l'autre, l'hydropisie, la gravelle, la dysenterie l'avaient réduit à l'extrémité, et ne laissaient aucun espoir de guérison, lorsque, le 27 septembre, jour anniversaire de la bienheureuse mort de saint Vincent, il se trouva subitement et totalement guéri de ces trois maladies; le lendemain, il ne lui restait plus trace du mal qui avait mis sa vie en danger.

Grande fut la joie de M. Clet à cette heureuse nouvelle. « M. Dumazel, écrivait-il en 1809, qui était aux portes de la mort, a été miraculeusement guéri le 27 septembre, jour anniversaire de la mort de saint Vincent. Ainsi il y a enfin espérance qu'il arrivera auprès de nous dans le cours de la présente année ou au commencement de l'année suivante. »

M. Dumazel arriva en effet au Hou-kouang au mois de février 1810. Mais tout est providentiel dans la vie des serviteurs de Dieu qui se vouent aux travaux de l'apostolat; Dieu les conduit comme en se jouant à leur destinée. M. Clet, qui avait craint de perdre le confrère qu'on lui destinait, put croire un instant que la mort ne lui donnerait pas le temps de l'embrasser; car il tomba gravement malade à son tour, dans une chrétienté assez éloignée de sa résidence; et la Providence voulut qu'il guérît de cette maladie, et qu'il fût ramené à sa résidence, le jour même où M. Dumazel venait frapper à sa porte. Reconnaissant le doigt de Dieu dans cette heureuse coïncidence, il ne put résister au plaisir de faire part de ses impressions au supérieur de la mission de Pékin. Il écrivit à M. Ghislain :

« Il s'en est fallu de bien peu que je ne pusse plus avoir de relations avec vous que dans le ciel. Le lendemain de l'Épiphanie je fus atteint d'une *chong-hang-ping*, c'est-à-dire, je crois, d'une pleurésie, qui en peu de jours me réduisit à un tel état que les médecins désespérèrent de ma vie. Mais une sueur très abondante vint si heureusement à leur secours que M. Ho, que j'avais envoyé chercher pour m'administrer les derniers sacrements, me trouva, à son arrivée, hors de danger. Au plus fort de ma maladie je pensais à M. Dumazel, et je me disais : Je ne verrai donc pas ce nouveau et cher confrère que j'attends depuis si longtemps; et ce cher confrère aura donc, à son arrivée, le regret de trouver ma maison vide; quel coup pour lui ! Car on ne peut douter que la présence d'un Européen ne soit très utile et même presque nécessaire pour aider le nouveau. Au reste, ce n'est pas pour moi que je désirais de le voir, mais en faveur de notre troupeau. Ainsi, soit pour moi, qui n'étais pas prêt à ce dernier passage, soit pour l'avantage de mes chrétiens, je suis encore sur la terre, et, depuis deux mois, en état de travailler ; il m'est seulement resté de cette maladie une faiblesse et une enflure de jambes, qui ne me permettent plus de faire de longues courses à pied ; je ne puis à présent faire que deux ou trois lieues. Enfin M. Dumazel est arrivé à notre château de paille le 3 de la troisième lune. A cette époque je visitais un district qui est à deux lieues de notre résidence. Mais la Providence a voulu me procurer le plaisir de voir ce cher confrère le plus promptement possible. Une extrême-onction, qui n'a pas eu lieu à cause de la mort du malade, m'a ramené ce jour-là même au gîte; de façon que, par le fait, j'ai paru revenir bien mieux pour recevoir M. Dumazel que pour donner les derniers secours à un malade qui n'était déjà plus, avant même que je me misse en route pour l'administrer. »

Voilà donc la petite famille de M. Clet constituée; connaissant les heureuses qualités de son esprit et de son cœur, il nous est facile de deviner combien paisible et douce fut cette vie d'intérieur; une seule préoccupation réglait tous ses rapports avec ses confrères: faire des heureux autour de lui.

Saint Vincent voulait que le Missionnaire fût un apôtre à la campagne et un chartreux à la maison; le Bienheureux fit de cette maxime la règle de toute sa vie.

Apôtre, il le fut dans la plus rigoureuse acception du mot; il en eut toutes les nobles ardeurs, et le calme intrépide en face du danger, sacrifiant son repos, sa santé, sa vie même, pour le salut des âmes. Il entreprenait des courses apostoliques qui le retenaient quelquefois éloigné toute une année de sa résidence habituelle, pour aller au secours de pauvres chrétientés qui n'avaient pas vu le prêtre depuis trente ans. N'écoutant que son amour pour les âmes, il voyageait la plupart du temps à pied, par des chemins impraticables, bravant tous les éléments, la chaleur, le froid, les vents, la pluie, la neige, sans se laisser intimider par les édits des empereurs, qui étaient comme une menace constamment suspendue au-dessus de sa tête, mais aussi sans les braver imprudemment. En un mot, notre Bienheureux réunissait en lui toutes les qualités qui caractérisent la vie apostolique: il avait la force du lion, la prudence du serpent, la simplicité de la colombe. Il se multipliait pour suppléer au petit nombre des Missionnaires.

Ses supérieurs n'étaient pas sans inquiétude au sujet de ce surmenage. M. Brunet, vicaire général de la Congrégation, informé de cet excès de travail, lui conseillait de modérer son zèle et en même temps de mieux se nourrir, de prendre chaque mois quelques jours de repos ; mais le vaillant apôtre ne pouvait se résoudre à employer à son profit « un temps qui appartenait aux âmes ». On l'avertissait que le bien général de la Mission demandait qu'il mît des bornes à son zèle et qu'il se confiât un peu plus, hors les cas extraordinaires, dans la miséricordieuse Providence de Dieu ; mais le cri des âmes demandant leur salut étouffait la voix de la modération.

Cette flamme du dévouement dont son cœur était embrasé il eût voulu en communiquer l'étincelle à l'âme de ses confrères. Avec quels accents pénétrants et incisifs il stimulait leur zèle pour la conversion des infidèles ! Il voulait que rien ne pût lasser leur patience ; il leur rappelle la charité de Jésus-Christ pour les prémunir contre un faux zèle qui pourrait les porter à repousser de pauvres pécheurs endurcis dans l'obstination.

« Au lieu de repousser ces infortunés, leur dit-il, recevez-les avec une grande miséricorde, comme font de bons parents à l'égard d'un enfant perverti. Mes petits enfants, disait saint Jean, n'aimons pas seulement de parole et de bouche, mais en vérité et par des œuvres ; quand il s'agit du salut des âmes, le Missionnaire doit se livrer aux travaux avec ardeur, envisager le péril sans crainte, supporter les ennuis sans se décourager, tenir ferme au milieu des contradictions, et se montrer inébranlable dans la persécution, car les œuvres sont les véritables preuves de la charité. »

Considérons maintenant M. Clet dans sa chère solitude ; dans l'apôtre, nous retrouvons le Religieux exemplaire se sanctifiant chaque jour pour pouvoir sanctifier les autres ; l'homme de prière et d'oraison, l'homme intérieur sans cesse occupé à faire mourir le vieil homme pour mettre à la place l'homme nouveau. Dans le cours de ses missions, le Missionnaire ne peut pas toujours vaquer à la prière, à l'oraison et autres exercices spirituels, comme son cœur le désirerait ; la plupart du temps, il se voit dans la nécessité de sacrifier les consolations de la piété aux exigences du saint ministère ; aussi, le Bienheureux ne manquait jamais de mettre à profit les courts loisirs que lui laissaient les missions, les voyages, les visites aux différentes chrétientés, pour reprendre ses habitudes de vie intérieure. Sa vie alors était une retraite continuelle où son âme s'éclairait pour de nouveaux dévouements et se fortifiait pour de nouveaux combats ; alors le pauvre « château de paille » devenait une pieuse Thébaïde, où fleurissaient toutes les vertus des anciens Pères du Désert ; *Solitudo florebit sicut lilium.*

Plein de ménagements et de condescendance pour les autres, M. Clet était pour lui-même d'une dureté qui ne connaissait aucun de ces accommodements dont se contente une vertu vulgaire. Fidèle observateur de la loi de son Dieu, il la portait écrite dans son cœur et dans toute sa conduite, et il pouvait dire à ses chrétiens, comme saint Paul : « Soyez mes imitateurs, comme je suis moi-même celui de Jésus-Christ. » Non content d'observer dans toute leur rigueur les jeûnes prescrits par l'Église, il jeûnait chaque vendredi de l'année ; il exerçait sur son corps de saintes violences pour attirer les bénédictions de Dieu sur ses travaux apostoliques, faisant jaillir son sang sous les coups de la pénitence, en attendant qu'il eût l'honneur de le verser sous les coups de la persécution. Aussi, au milieu de ses fidèles chrétiens, il jouissait d'une réputation universelle de sainteté ; tous le vénéraient de son vivant comme un saint, ils conservaient comme de précieuses reliques les objets qui lui avaient servi ou qu'il avait touchés.

Sa pauvreté faisait l'admiration de tous ses confrères. En mission, il vivait de la vie de ses pauvres chrétiens, mangeant ce qu'il trouvait, couchant où il pouvait, et trouvait toujours qu'on le traitait trop bien. Dans sa résidence, c'était la même austérité de régime ; l'un de ses confrères ne pouvait s'empêcher de lui porter envie. Nous ne saurions résister au désir de citer ces lignes tracées de la main de M. Richenet qui, destiné d'abord pour la mission du Hou-kouang, avait dû se résigner à faire route pour la capitale.

« Notre courrier pékinois a demeuré quelque temps avec M. Clet au Hou-kouang. Oh ! que la description qu'il me fait de sa pauvre chaumière, de ses travaux, de sa vie apostolique, me fait regretter le changement de ma première destination ! Combien je la préférerais au *decorum* auquel on est si souvent obligé dans l'emploi qui m'a été confié ! » C'est qu'en effet la joie qui assaisonnait cette pauvreté tout apostolique, répandait sur cette humble retraite cachée dans les montagnes, un charme qui changeait les austérités en douceur.

Toutes ces vertus étaient alimentées par une foi qui lui montrait Notre-Seigneur, le pauvre par excellence, n'ayant pas même une pierre pour reposer sa tête : « Si nous acceptons les biens de Dieu avec reconnaissance, avait-il coutume de dire, pourquoi n'accepterions-nous pas avec soumission les privations et les effets de la pauvreté ? »

Aussi une de ses maximes était de voir Dieu en tout et tout en Dieu. A l'exemple de son saint fondateur, il avait le culte de la volonté de Dieu ; et non content d'adorer cette divine volonté dans tout ce qui pouvait lui arriver d'heureux ou de fâcheux, il ne négligeait rien pour établir ses confrères dans cette pratique si éminemment chrétienne. Sachant un missionnaire chinois retenu par la maladie dans un district éloigné du centre de la mission, il l'exhorte à bénir la main de Dieu dans cette épreuve. « Pour vous aider, lui écrit-il, à vous conformer à la volonté de Dieu, je vous envoie la petite prière suivante que le pape Pie VII a enrichie d'indulgences : *Que la très juste, très noble et très aimable volonté de Dieu s'accomplisse, qu'elle soit louée éternellement en toutes choses.* Dans votre état, priez pour moi afin que Dieu me donne la force spirituelle et corporelle dont j'ai besoin. Désirez la santé, mais modérément et sans impatience ; rien de mieux que ce que Dieu veut. »

Devenu supérieur M. Clet ne changea rien à ses habitudes de simplicité et de bienveillance. Une sainte joie, une aimable bonhomie qui mettaient tout le monde à l'aise avec lui, étaient l'assaisonnement habituel de ses entretiens et réglaient ses rapports avec ses confrères ; M. Clet possédait le secret de faire des heureux.

Et c'est dans l'humilité qu'il découvrit cette perle précieuse. Un orateur chrétien a dit : *Rara virtus honorata;* il est rare de trouver l'humilité dans les dignités et les grandeurs : M. Clet sut rester humble, malgré sa dignité de supérieur. Nous avons vu avec quelle répugnance insurmontable il accepta et exerça cette charge si redoutée, et avec quelles instances il travailla à passer le fardeau à un autre; cette répugnance, qui procédait du sentiment de son indignité, produisait en lui une sage réserve et des allures pleines de circonspection qui s'alliaient parfaitement avec son autorité. Loin de se prévaloir de ses droits, il s'effaçait le plus possible; à le voir au milieu de ses inférieurs, il eût été difficile à un étranger de discerner celui qui était le supérieur. Se défiant de lui-même, et se montrant plein de déférence pour ses confrères, il ne prenait aucune décision sans les consulter; et d'autre part, s'il émettait un sentiment, il ne faisait aucune difficulté de se ranger à l'avis de ceux qui étaient d'un sentiment contraire.

Le Bienheureux n'ignorait pas que tout en travaillant au salut du prochain, on est exposé à perdre chaque jour quelque chose de sa vertu; aussi, fidèle à se conformer à la conduite de son divin Maître, qui se sanctifiait pour sanctifier les autres, *Pro eis sanctifico meipsum*, il voulait que chaque année tous ses confrères profitassent du temps des grandes chaleurs qui rendent tout travail impossible, pour venir se reposer à la résidence, et se retremper dans l'esprit de l'état, par une bonne retraite spirituelle. « J'ai fait deux fois, disait-il, pendant mon temps de repos, une retraite de cinq jours, et je vous invite à en faire autant, s'il est possible. Une retraite quoique courte renouvelle nos forces spirituelles, qui s'affaiblissent peu à peu, par l'exercice continu du saint ministère. Là, dans le recueillement et la prière, nous mettrons toutes nos lumières en commun, pour rédiger un programme des missions, et dresser un plan de campagne, qui sera le *vade mecum* des Missionnaires ; de telle sorte que, si éloignés que nous soyons les uns des autres, il y aura unité dans l'action ; et l'esprit de Dieu, qui est un, bénira toutes nos œuvres. »

Une mesure aussi visiblement inspirée par l'esprit de saint Vincent, et qui intéressait tout à la fois la santé et la piété des Missionnaires, ne pouvait manquer d'être appréciée par les compagnons d'apostolat de M. Clet ; ils comprirent qu'il y avait tout profit pour eux, pour leur âme et le succès de leurs œuvres, à venir de temps en temps se grouper autour d'un supérieur dont les lumières égalaient la vertu, pour jouir de ses entretiens, recevoir ses conseils, et se fortifier par ses exemples.

Toutefois, ce ne fut pas sans peine que le Bienheureux put faire pénétrer cette idée dans l'esprit d'un de ses confrères chinois, M. Paul Song, qui aimait à vivre et à faire le bien à sa façon. Ce n'était pas un méchant homme, il était même bon prêtre, et il eut le bonheur, à l'âge de quatre-vingts ans, de confesser la foi courageusement. Il avait été formé par M. Ghislain, à Pékin, qui le confia à M. Clet, avec la note suivante : « M. Song est doux et pieux, et n'a que de petits défauts. » Mais les petits défauts demandent quelquefois, pour être supportés, une grande patience ; M. Clet en fera l'expérience.

M. Paul Song était un de ces esprits singuliers qui semblent avoir été faits pour faire ressortir la patience, la longanimité, la mansuétude d'un supérieur ; c'était un malade imaginaire en proie aux idées noires, qui ne se trouvait bien que dans la solitude. Prévoyant que son confrère aurait quelque peine à venir se ranger à la vie commune, M. Clet lui écrivit une lettre charmante ; nous aimons à la citer en entier :

« Il était convenable que je contribuasse à vous réjouir le cœur en vous donnant la très agréable nouvelle de l'arrivée de notre bon M. Dumazel. Ce cher confrère vous salue très amicalement, en attendant avec une sorte d'impatience, et moi aussi, que nous ayons le plaisir de vous voir à la résidence, où nous nous proposons de nous réunir, pour passer le temps des grosses chaleurs. M. Chen est de retour; M. Ho arrivera de Fang-hien au plus tard dans dix jours; moi, je me rendrai au gîte, après avoir fait la visite de Chang-pe-yu-keou. Combien n'augmenterez-vous pas notre joie, si vous pouvez faire le cinquième de notre compagnie! »

Cette lettre, empreinte cependant d'une bonté si paternelle, étant restée sans réponse, huit jours après le bon supérieur, revenait à la charge d'une manière plus pressante, mais sans se départir du ton affectueux qui était dans son caractère; il lui écrivait :

« Je présume que vous êtes revenu au gîte; si vous êtes encore en visites, je pense que, ma lettre reçue, vous vous rendrez à l'instant à la résidence, et que vous suspendrez tout travail, au moins jusqu'après la fête de l'Assomption. » Toujours même silence d'une part, et même patience de l'autre.

Un mois après, M. Clet exprime à M. Paul Song combien il serait heureux de le voir après huit mois d'absence, et il pousse la charité jusqu'à attribuer à la maladie son refus d'obéir : « Nous sommes, lui dit-il, depuis quelques jours, quatre Missionnaires à la maison, qui tous vous saluent très amicalement, qui soupirent après votre retour, et sont attristés que votre faible santé mette obstacle à votre prompt retour. »

Cette lutte entre l'obstination et la patience dura plusieurs années ; et en présence de cette obstination capable de lasser la patience d'un ange, le Bienheureux resta constamment maître de son cœur ; pas un mot de dureté ni d'aigreur ne s'échappa de sa plume. Tout en demeurant ferme quant à la fin qu'il voulait obtenir, il avait recours à tous les moyens et à tous les ménagements qu'inspire la longanimité : *Fortiter et suaviter*. Il voulut imiter jusqu'à la fin celui dont il est écrit : « Il n'achèvera pas de briser le roseau à demi rompu, et il n'éteindra pas la mèche qui fume encore. »

Cette obstination à se tenir éloigné de la résidence ne peut s'expliquer que par certaines préventions que M. Paul Song nourrissait secrètement dans son cœur contre son supérieur. Dans son aveuglement, il alla jusqu'à accuser notre Bienheureux, auprès du supérieur de Pékin, d'être un maître dur et intraitable. A la suite de cette dénonciation injuste et calomnieuse, M. Ghislain adressa de vifs reproches à M. Clet, qui les reçut avec la résignation et le silence de son divin Maître : *Jesus autem tacebat.*

Enfin, pour donner plus de poids à ses griefs contre son supérieur, M. Paul Song avait demandé à quitter le Hou-kouang pour la capitale ; cette nouvelle démarche d'un esprit dévoyé nous vaut une nouvelle lettre où le Bienheureux nous apparaît dans toute sa magnanimité et sa grandeur d'âme ; il lui écrit :

« Mon cher confrère, il est clair comme le jour que les nouvelles que nous venons de recevoir de Pékin nous font grand plaisir ; mais il y a un petit article qui vous regarde et qui me serre le cœur, sans avoir toutefois la moindre pensée de vous en faire des plaintes, parce que, en quittant ma patrie, je me suis accoutumé à la séparation des personnes qui me sont les plus chères. Vous désirez retourner à la capitale, et, l'an prochain, votre désir sera probablement exaucé. Si ce désir est pour la gloire de Dieu et votre bien spirituel, je vous en félicite et m'en réjouis *in Domino.* Par ce retour, vous ne perdez rien et vous gagnez beaucoup. Ce n'est que moi qui perds par notre séparation. »

Enfin, après bien des récriminations et des plaintes que rien ne justifiait et auxquelles le Bienheureux ne répondait que par les procédés et les ménagements d'une délicatesse qui ne peut se lasser de pardonner, la grâce finit par triompher; tant de bonté et d'indulgence ne pouvaient manquer de porter leurs fruits dans un cœur de prêtre. M. Song ouvrit enfin les yeux à la lumière; il reconnut la fausseté de ses préjugés à l'égard de son bon supérieur, et lui voua pour le reste de ses jours une affection qui tenait de la vénération; il avait conservé comme de précieuses reliques les lettres dont nous venons de donner divers extraits.

Dans le supérieur en qui rien ne pouvait lasser la bonté, la patience et l'esprit de condescendance, il y avait aussi le directeur, pieux, sage et éclairé. Le bienheureux Jean-Gabriel Perboyre, qui avait eu entre les mains un grand nombre de lettres émanant de M. Clet, écrivait : « Ce que j'ai vu de sa correspondance montre qu'il était l'oracle de ses confrères. » Tous recouraient à ses conseils et imploraient ses lumières dans leurs doutes et dans les cas difficiles. Saint Vincent disait un jour dans une conférence : « Quand la science, l'esprit de conduite, et un bon jugement se trouvent ensemble dans un même sujet, ô Dieu ! quel trésor ! »

Ces deux qualités, le Bienheureux les possédait à un degré éminent. La science, il en donna des preuves au grand séminaire d'Annecy où la renommée lui avait décerné le titre de *Bibliothèque vivante*. Ses conseils de direction attestent hautement la sûreté de son jugement.

M. Paul Song, dont nous avons eu à nous entretenir, outre son caractère susceptible et soupçonneux, était encore atteint de cette maladie si fréquente parmi les personnes de piété et qui s'appelle le scrupule; médecin habile et expérimenté, M. Clet traite son malade selon toutes les règles tracées par la théologie ascétique. Il l'engage à bannir de son esprit ces craintes imaginaires qui troublent son âme; il profite de tout pour ramener la paix dans cette conscience troublée. Lui. écrivant un jour de Noël, il lui dit: « Je vous souhaite la paix, et une large part de cette paix que les anges annoncent aux hommes de bonne volonté. » Une autre fois, il l'exhorte à passer par-dessus ses inquiétudes: « Elles ne viennent pas de Dieu, qui est un Dieu de paix et de tranquillité, mais du démon, qui est trompeur. » Lui écrivant le saint jour de Pâques, il revient encore sur le même sujet : « Je vous souhaite la paix que Notre-Seigneur donnait à ses apôtres. »

Dans une autre lettre, il précise davantage : « Conservez-vous dans la piété; mais rappelez-vous que la piété n'est pas scrupuleuse. » Il lui recommande de ne point se fatiguer vainement dans des exercices de dévotion ; il lui défend formellement de recommencer son bréviaire; dans les maladies, il doit se borner à des oraisons jaculatoires, à des élévations d'esprit et de cœur vers Dieu, qui remplaceront avantageusement les longues lectures ; enfin, il lui recommande de ne point se fatiguer à la poursuite d'une dévotion qui n'est pas de ce monde. Il faut entendre M. Clet lui-même lui donner là-dessus des conseils qui sont le bon sens même.

« Pourquoi ne prenez-vous pas pour vous-même la règle que vous savez si bien donner aux autres ? C'est une décision théologique universellement approuvée que l'attention actuelle n'est pas de précepte, parce que, eu égard à la faiblesse humaine, elle est moralement impossible ; or Dieu n'ordonne rien d'impossible. Cette attention actuelle, continuée pendant toute la durée d'une action quelconque, n'est pas de la vie présente ; elle est un privilège de la vie future, lorsque la vision intuitive absorbera inévitablement toutes les pensées de notre esprit et toutes les affections de notre cœur. Ce qui est actuellement de précepte dans toutes nos actions qui ont directement Dieu pour objet, c'est l'attention virtuelle moralement continuée pendant toute la durée de l'action. Prétendre faire une action de quelque durée sans distraction, c'est, je crois, un effet de notre orgueil plutôt qu'une suite d'un véritable désir de plaire à Dieu. En conséquence, *je vous ordonne* de réciter votre bréviaire et vos prières tout rondement et sans répétitions, après vous être préparé à ces actions par un instant de recueillement en la présence de notre Dieu. »

M. Clet, administrateur, montra qu'il était à la hauteur de la réputation que lui avaient faite ses confrères ; il nous a laissé une circulaire concernant l'apostolat des infidèles qui met en pleine lumière la sagesse de son administration. Rien n'est oublié pour perfectionner l'instruction des nouveaux convertis, entretenir leur piété, faire disparaître les derniers vestiges du paganisme, pourvoir aux besoins du troupeau en l'absence du prêtre et assurer l'unité d'action parmi les Missionnaires. Nous voulons reproduire cette circulaire, malgré sa longueur, parce qu'elle nous permettra de suivre pas à pas, et dans le détail de sa vie apostolique, le Missionnaire voué à la conversion des infidèles.

« Messieurs et très vénérés confrères,

« Un triple lien est difficilement rompu. » Ces paroles du Saint-Esprit nous montrent en un langage figuré que la concorde et l'union des esprits sont le moyen le plus sûr et le plus efficace pour mener toutes les entreprises à bonne fin. Cette maxime nous est recommandée par nos saintes Règles (chap. XII, § 7) : « Tous, et chacun en particulier, s'efforceront, autant qu'il sera possible, de s'accorder toujours dans la doctrine, dans les discours, dans les écrits, en sorte que, selon la recommandation de l'apôtre, nous ayons tous une même manière de penser, de sentir et de parler. » Mais si cet accord est nécessaire en toute espèce d'affaire, à plus forte raison l'est-il dans les œuvres surnaturelles qui ont pour but le salut des âmes, dont la conduite est appelée par saint Grégoire l' « art des arts ». Mais pour obtenir cette concorde, sans laquelle nos brebis elles-mêmes seraient divisées, et, suivant chacune leur inclination naturelle, s'attacheraient à un prêtre plutôt qu'à un autre et diraient, comme dans la primitive Église : « Moi, je suis à Paul ; moi, je suis à « Apollon ; moi, je suis à Céphas », il m'a paru bon de donner à mes confrères, dont le soin m'a été confié, malgré mon indignité et ma résistance, quelques avis, afin que nous soyons tous d'accord et unanimes en ce qui regarde le gouvernement de nos brebis, et qu'elles ne forment ainsi « qu'un seul troupeau, comme il n'y a qu'un seul pasteur qui est Notre-Seigneur Jésus-Christ ». Mais comme cette lettre s'étendrait à l'infini, si elle devait comprendre tout ce qui est nécessaire pour maintenir entre nous une entière uniformité, je me bornerai à mentionner quelques pratiques qui m'ont semblé tout particulièrement propres à réchauffer la piété, à extirper l'ignorance, à exciter le zèle des chrétiens pour le baptême des enfants infidèles, à abolir enfin plusieurs abus. C'est pourquoi je prie instamment tous ceux qui cultivent avec moi la vigne du Seigneur de mettre tous leurs soins et leur vigilance à introduire dans chaque district et à faire observer fidèlement les pratiques suivantes :

« 1° Afin de prévenir l'ignorance des mystères de Dieu et de la doctrine chrétienne, on devra, tous les dimanches et les jours où l'on célèbre une fête de précepte, lire sans précipitation, mais clairement et distinctement, la cinquième partie du catéchisme qui a pour titre : *Ching-se-ouen-ta,* selon le texte chinois ; et, tandis qu'un enfant interrogera et qu'un autre répondra, tous les assistants écouteront attentivement. Mais pour que les genoux ne soient pas trop fatigués, les lecteurs et les auditeurs seront debout. Comme nous n'avons pas le droit de changer de notre propre autorité un catéchisme légitimement et anciennement introduit parmi nous, et que d'ailleurs il contient beaucoup de choses qui manquent dans le nouveau, on continuera de se servir de cet ancien catéchisme, et on le récitera comme par le passé, à haute voix, tous les dimanches et jours de fête. A cet effet, on devra désigner quatre chrétiens au moins, deux de chaque sexe.

« En outre, comme il n'est pas rare que les chrétiens se trompent sur l'observance des fêtes et des jeûnes, il sera bon de prescrire qu'après la récitation du catéchisme on lise le calendrier correspondant à chaque semaine, afin qu'ils soient sans excuse s'ils n'observent pas les fêtes et les jeûnes.

« Et pour extirper dans sa racine l'ignorance, mère de tous les vices, on établira, dans chaque district, au moins deux catéchistes de l'un et l'autre sexe, lesquels présideront à l'examen de la doctrine qui doit se faire tous les mois, savoir : pour les garçons, le premier dimanche, et pour les filles, le second de chaque lune ; et, afin qu'il y ait plus d'émulation parmi ceux qui subiront cet examen, il faudra y assujettir tout le monde, depuis l'âge de sept ans jusqu'à celui de dix-sept ou dix-huit ; cette règle est d'autant plus sage et plus convenable qu'il arrive assez souvent que des personnes ayant atteint l'âge de dix-huit ans se trouvent insuffisamment instruites des vérités rigoureusement nécessaires au salut. Quant aux parents qui seraient convaincus d'avoir négligé pendant un temps notable de conduire ou d'envoyer leurs enfants à cet examen, ils doivent être jugés indignes de recevoir l'absolution, comme coupables d'insouciance pour le salut de leurs enfants, à moins que des raisons légitimes ne les aient empêchés de s'acquitter de ce devoir, ce qu'il ne faut pas toutefois présumer trop facilement.

« 2° Comme depuis nombre d'années, les chrétiens mettent trop peu de zèle à procurer le salut éternel des enfants païens, en leur conférant le baptême à l'article de la mort, et que j'ai moi-même beaucoup de reproches à me faire pour ne les avoir pas assez exhortés à pratiquer cette œuvre si excellente de piété et de charité, je vous conjure, par la miséricorde de Dieu et pour la tranquillité de ma conscience et de la vôtre, de faire tous vos efforts, afin que, à l'avenir, les chrétiens soient plus empressés et plus ardents à baptiser les enfants des infidèles lorsqu'ils sont en danger de mort.

« En vue de favoriser cette œuvre, on a tracé, en caractères chinois, des instructions détaillées, où l'on expose clairement l'obligation qu'ont les chrétiens de baptiser ces enfants, et la manière dont ils se doivent comporter dans les différents cas qui peuvent se présenter, relativement au baptême des enfants nés de parents, soit chrétiens, soit infidèles. Il n'y a donc rien à ajouter à ces instructions, mais il faudra presser vivement les chrétiens de s'y conformer et les y exhorter à temps et à contre-temps, en les avertissant qu'ils ne doivent pas se croire si facilement exempts de péché, lorsqu'ils ne saisissent pas les occasions qui s'offrent à eux de baptiser ces enfants exposés à la mort; ou même lorsqu'ils ne cherchent pas les occasions de leur donner le baptême : aussi, faudra-t-il, au tribunal de la pénitence, interroger les chrétiens et leur demander s'ils n'ont pas manqué à ce devoir. Mais, afin de favoriser une œuvre si sainte, on devra dans chaque district établir au moins deux chrétiens de l'un et l'autre sexe, sur qui reposera spécialement ce soin, comme on le pratique pour les autres offices, et mettre cette œuvre sous l'invocation de saint Vincent, comme on a placé celle de l'examen des enfants sous le patronage des saints anges. Que les chrétiens se gardent cependant de se croire dispensés de ce devoir, sous prétexte que d'autres y sont tenus d'office, car ainsi que le dit l'Esprit-Saint : « Dieu a con- « fié à chacun le soin de son prochain. » En outre, pour procurer plus efficacement et plus abondamment le succès de cette œuvre, il faudra faire en sorte que, dans chaque district, une ou deux personnes de l'un et l'autre sexe, apprennent à soigner les maladies d'enfants; par là, en effet, on s'ouvrira l'accès des maisons des infidèles; et, sous prétexte de porter remède aux maladies du corps, on pourra guérir dans le bain de la régénération les maladies de l'âme. Mais si c'est une obligation pour chacun, lorsque l'occasion s'en présente, de baptiser les enfants, c'en est une aussi pour chacun d'apprendre à conférer le baptême. C'est pourquoi, dans la mesure du possible, qu'on n'admette personne à la confession, qu'autant qu'il aura été bien instruit de la manière de baptiser, par celui qui accompagne le prêtre. Mais, comme il arrive quelquefois qu'on n'a pas sous la main un vase pour répandre l'eau sur la tête de l'enfant, ou que les circonstances ne permettent pas d'en faire usage, le prêtre doit apprendre aux chrétiens comment ils peuvent légitimement et validement se servir de coton, ou de quelque autre matière molle pour baptiser. Enfin, on recommandera aux catéchistes chargés de ce soin d'exercer fréquemment les chrétiens à baptiser; et, s'ils ont peine à obtenir que cela ait lieu tous les mois, ils ne manqueront pas du moins de remplir ce devoir quatre ou cinq fois par an.

« 3° Dans les repas chinois, surtout ceux qui se donnent à l'occasion des mariages, il règne un abus déplorable, qu'on ne peut tolérer et que la religion ne permet pas de passer sous silence. Je veux parler de la coutume odieuse de provoquer les convives à boire : de telle sorte que les hommes les plus sobres d'ordinaire, ont eux-mêmes beaucoup de peine à s'affranchir de cette nécessité, qui s'impose en quelque sorte à eux, de dépasser les limites de la tempérance; et, ce qu'il y a de pire encore, c'est qu'on se sert dans ces provocations de paroles grossières et indécentes, à l'aide desquelles on entraîne dans l'ivresse ceux qui ne sont pas sur leurs gardes ; et il en résulte assez souvent qu'il se produit dans les repas, des rixes, des querelles, des voies de fait et des discordes. Il est bien difficile dans ces réunions de boire avec modération. Ceux qui veulent se maintenir et maintenir les autres dans les bornes de la tempérance chrétienne passent pour des gens malhonnêtes et sans éducation. Le devoir du Missionnaire est de protester énergiquement contre ces coutumes, qui sentent le paganisme, afin que, si les chrétiens ne se corrigent pas, ce qu'à Dieu ne plaise, du moins, ils sachent qu'ils sont inexcusables, et ne puissent pas prétexter leur ignorance...

« 4° Il y a encore d'autres règlements pour instruire les fidèles à vivre honnêtement, pieusement, en un mot d'une manière chrétienne. Ils sont tous contenus en abrégé dans ces courtes paroles du prophète : « Éloignez-vous du mal et faites le bien. » Ces règlements ont été imprimés sur quatre feuilles ; ils seront lus régulièrement dans chaque district chrétien, et un exemplaire en sera remis à chaque catéchiste. Toutefois, ces instructions seront de peu d'utilité, si nous n'avons soin de nous montrer à nos brebis comme de vrais ministres de Dieu et de dignes dispensateurs de ses mystères, de sorte que chacun de nous puisse dire avec saint Paul : « Soyez mes imita-« teurs, comme je le suis moi-même de Jésus-Christ. » Rappelons-nous ces paroles : « Celui qui est mau-« vais pour lui-même, pour qui sera-t-il bon ? » Gardons-nous, sous prétexte d'un zèle mal ordonné, de laisser absorber tout notre temps par les fonctions de notre ministère à l'égard des autres. Suivons les traces des apôtres qui disaient : « Nous ne cesserons quant « à nous de vaquer à la prière et à la prédication. »

Appliquons-nous à la piété ; laquelle, comme dit l'apôtre, « est utile à tout, et a les promesses de la vie pré-
« sente et de la vie future ».

« Le moyen de l'entretenir, c'est la fidélité aux
exercices spirituels qui sont en usage dans notre Compagnie, tels que l'oraison mentale, l'examen particulier, la lecture du Nouveau Testament, celle de quelque livre de dévotion, et, chaque année les exercices
de la retraite. Ce sont là, en effet, comme autant de
trésors où nous puiserons tout ce qui peut être utile
aux âmes. Ne soyons pas comme des canaux qui
laissent écouler toute l'eau qu'ils reçoivent, mais
comme des fontaines qui ne donnent que de leur
surabondance. Soyons enfin l'exemple des fidèles par
nos paroles, nos démarches, notre charité, notre foi,
notre chasteté. Paissons le troupeau que Dieu nous a
confié, en lui montrant dans notre âme le modèle de
la sienne, et lorsque apparaîtra le prince des pasteurs,
nous recevrons la couronne incorruptible de gloire.
Ces dernières paroles contiennent les vœux sincères,
que je fais pour vous et pour moi, qui suis avec le
plus grand respect, et le plus grand dévouement,
messieurs, votre très humble et très obéissant serviteur. »

CHAPITRE VI

1811-1818

Tandis que M. Clet traçait ces instructions qui
resteront comme un monument de haute sagesse et
l'œuvre d'un esprit éclairé et judicieux, une nouvelle
persécution éclatait à Pékin ; et, comme la précédente,
un événement tout à fait fortuit en fut le signal.

Au mois de février 1811, un Missionnaire chinois
fut arrêté au Chang-si ; il était porteur de papiers con-
tenant les pouvoirs spirituels que lui conférait son
évêque, et le nom des divers districts qu'il devait
desservir. Il n'en fallut pas davantage pour éveiller
les soupçons des mandarins ; complètement étrangers
au style de la chancellerie ecclésiastique, ils crurent
voir dans l'énoncé des pouvoirs conférés à ce Missionnaire, et la désignation des villes et des provinces
soumises à son autorité spirituelle, une tentative des
Européens pour substituer aux gouverneurs des villes
et des provinces, des fonctionnaires de leur choix : à
n'en pas douter, on était en présence d'un complot
contre la dynastie régnante, dont tous les fils étaient
entre les mains des Missionnaires de Pékin. C'en fut
assez pour réveiller les vieilles haines à peine assou-
pies des autorités chinoises contre le nom chrétien.

C'est contre les églises de la capitale que la persécution dirigea ses premiers coups ; le Missionnaire

porteur des papiers révélateurs fut jeté en prison ; un ordre de l'empereur Kia-king renvoyait dans leurs pays tous les Européens, à l'exception de ceux qui étaient membres du tribunal des mathématiques : trois Missionnaires portugais attachés à l'église du Nam-tang étaient les seuls qui fussent investis de cette dignité. Les Italiens et Espagnols qui relevaient directement de la Propagande et desservaient les églises de Tong-tang et de Si-tang, cédant à une panique au moins prématurée, s'empressèrent d'obéir à l'ordre de l'empereur qui confisqua leurs églises et les fit raser. Les Lazaristes français du Pé-tang se contentèrent de protester énergiquement contre les calomnies dont ils étaient l'objet ; ils laissèrent leur église ouverte aux fidèles, et continuèrent sans trop s'émouvoir le service divin, espérant que le bon sens aurait raison de cette calomnie, et que le premier mouvement finirait par se calmer. Ils furent bien inspirés ; l'empereur, revenu à lui, reconnut la fausseté des accusations portées contre eux et retira son édit.

Ce commencement de persécution avait eu son contre-coup dans quelques provinces ; mais M. Clet n'avait pas été inquiété ; retiré dans ses montagnes, continuant tranquillement de prodiguer ses soins à son cher troupeau, il était même occupé à bâtir une maison nouvelle, pour remplacer le château de paille qui menaçait ruine. Cependant l'orage approchait.

Dans le courant de l'année 1812, le bruit s'était répandu dans le Fang-hien que les chrétiens se révoltaient, et qu'ils avaient choisi le jour de la fête de l'Assomption de la très sainte Vierge pour se soulever en masse. Beaucoup de païens s'étaient mis à l'abri du danger par la fuite. Il fut facile aux autorités de se convaincre que ce n'était qu'un faux bruit ; toutefois elles jugèrent que l'occasion était bonne pour mettre à exécution un édit de l'empereur, qui ordonnait à tous les chrétiens de renoncer à leur religion avant la fin de l'année, sous peine de payer chèrement leur résistance. La menace n'était pas vaine. Un chrétien ayant refusé d'apostasier fut honoré de cinquante soufflets qu'il reçut avec joie pour l'amour de Jésus-Christ.

Ce fut un avertissement pour M. Clet. Obligé de se cacher pour échapper aux mandarins et aux satellistes, prévoyant peut-être aussi que l'heure du sacrifice n'était pas éloignée, il profita du loisir forcé que lui imposait la persécution pour aller chercher lumières, forces, courage, résignation dans le recueillement et le silence de la retraite.

« Dans ce temps-ci, écrivait-il à son confrère M. Song, nous avons grand besoin du secours d'en haut. Je viens de faire ma retraite annuelle ; faites-en autant, si votre santé vous le permet. C'est à nous de pleurer entre le vestibule et l'autel pour toucher le cœur de Dieu en faveur de nos ouailles, le priant instamment de répandre sur elles l'abondance de ses miséricordes. »

M. Clet avait obéi à une heureuse inspiration en se mettant en sûreté ; les mandarins allèrent faire des perquisitions dans sa demeure ; et pour se venger de n'avoir pas pu mettre la main sur lui, ils démolirent sa maison nouvellement contruite, rasèrent son église ainsi que son école, et s'en allèrent laissant après eux un monceau de ruines.

Notre Bienheureux devait survivre huit années encore à cette persécution ; mais huit années d'épreuves de toutes sortes, par lesquelles Dieu voulut achever de purifier la victime qu'il avait marquée pour le sacrifice: M. Clet entrait dans la voie douloureuse qui mène à la montée du Calvaire. Épreuves du cœur, épreuves de l'âme, épreuves du corps, aucun genre de souffrance ne lui a manqué. A vrai dire, depuis son arrivée en Chine, le saint Missionnaire avait passé peu de jours sans souffrir; une de ses peines les plus vives, c'était le peu de docilité de ses ouailles à répondre à ses exhortations; c'était de voir ses chrétiens, qu'il aimait comme un père ses enfants, répondre si mal aux efforts de son zèle : il ne recevait que déceptions et amertumes en échange de tant de sacrifices; là était la plaie la plus douloureuse de son cœur. « La conduite de bien des chrétiens, écrivait-il à M. Song, nous donne ici bien des ennuis et des dégoûts; je souhaite que Dieu bénissant votre travail, les chrétiens du Chang-tsi-han vous donnent plus de consolations que nous n'en recevons de ceux de ce pays. »

Une épreuve plus sensible était réservée à notre Bienheureux. Souffrir persécution de la part d'un ennemi, d'un adversaire, cela se comprend, on le supporte facilement; mais lorsque le coup part de ceux-là qui devraient nous donner la main dans le bien, et nous aider à fonder le royaume de Dieu sur la terre, c'est l'épine la plus douloureuse qui puisse pénétrer dans un cœur d'apôtre.

La mission du Hou-kouang était placée, comme on sait, sous l'autorité du vicaire apostolique du Chang-si; tous les titulaires qui s'étaient succédé dans ce vicariat n'avaient eu qu'à se louer de la déférence respectueuse de M. Clet à leur égard; tous se plaisaient à rendre hommage à sa soumission absolue. En l'absence du titulaire, un visiteur apostolique, M. Emmanuel Conforti, voulant lui donner une marque de sa haute confiance et de son estime, lui avait conféré tous les pouvoirs extraordinaires communicables à un simple prêtre, tels que le pouvoir de confirmer, etc. Un autre, cependant peu favorable aux Français, Mgr Madello, disait en parlant de M. Clet : « Pour celui-ci, je proteste lui accorder toute mon estime. Plût à Dieu que j'eusse vingt Missionnaires comme lui, toutes mes souffrances se changeraient en délices. Je dois ce témoignage à sa vertu. » Mais le successeur de Mgr Madello, l'évêque d'Anthédon, prêtant trop facilement l'oreille à des accusations calomnieuses, se montra hostile au pieux et dévoué Missionnaire ; dans une circulaire qu'il rétracta plus tard et qu'il s'était trop hâté de rendre publique, il accusait M. Clet de « jouer deux rôles dans une comédie » ; et lui retirait tous les pouvoirs qu'il tenait de la confiance de M. Conforti, et que Mgr Madello lui avait confirmés. Ayant reconnu plus tard son erreur, l'évêque d'Anthédon rendit à M. Clet ses pouvoirs ; on eût voulu qu'il se montrât plus héroïque dans la rétractation de ses paroles injurieuses à l'adresse d'un innocent. Mais M. Clet avait appris à souffrir et à se taire ; il ne pouvait manquer une aussi belle occasion d'accroître ses mérites.

Saint Vincent avait coutume de dire : « Une des marques les plus certaines des desseins de Dieu sur une personne, c'est quand il lui envoie désolations sur désolations, peines sur peines. » Deux ans avant sa mort, M. Clet eut la douleur de perdre son ami et compagnon d'apostolat, M. Dumazel, enlevé prématurément, le 15 décembre 1818, par un excès de zèle qu'il montra jusqu'entre les bras de la mort. Épuisé par des travaux trop durs pour son tempérament faible et délicat, miné par une fièvre continue, réduit à l'extrémité, il apprend que quelques malades de son district demandaient l'extrême-onction ; il voulut qu'on les apportât auprès de son lit ; et il leur conféra les derniers sacrements. C'était mourir les armes à la main. Ce fut un coup. terrible pour M. Clet ; mais, habitué à voir la volonté de Dieu en tout, il sut encore bénir la main qui frappait de si rudes coups.

Il manquait au serviteur de Dieu une dernière épreuve pour devenir une victime pure et digne d'être offerte en sacrifice : Dieu lui envoie des infirmités corporelles qui achèvent de ruiner sa santé, déjà considérablement affaiblie par l'âge, les travaux et diverses maladies contractées dans les missions. C'est d'abord une hémorragie qui lui fait perdre par le nez « cinq livres de sang », et lui laisse une faiblesse presque insurmontable ; puis c'est l'enflure des jambes qui ne lui permet plus, à son grand regret, ces courses lointaines, et cette ardeur intrépide qui lui avait valu le surnom de « terrible ennemi de Bélzébuth » ; enfin en 1818, il lui vient au pied une plaie des plus douloureuses qui le réduit pendant de longs mois à l'immobilité. En comparant le triste état où il se trouvait réduit, avec cette santé autrefois si florissante et si robuste, il pouvait dire avec le saint homme Job : « *Deus dedit, Deus abstulit ; sit nomen Domini benedictum :* Dieu m'avait donné la santé, il me l'a ôtée ; que son saint nom soit béni. » C'était aussi la seule plainte que son cœur toujours soumis à Dieu fît monter à ses lèvres.

A tant d'épreuves faut-il ajouter celle de la pauvreté ? Les dernières années du serviteur de Dieu furent des années de sécheresse, où les denrées devinrent hors de prix, et l'argent faisait défaut à la pauvre résidence ; toutefois ce qui le faisait souffrir et lui arrachait des gémissements, c'étaient moins les privations auxquelles il se voyait condamné que celles des pauvres chrétiens ; le peu qu'il avait appartenait aux pauvres plus qu'à lui-même ; il ne pouvait se résigner à les laisser partir les mains vides. Lorsque tous les Missionnaires devaient s'absenter en même temps, il confiait son pauvre trésor à un serviteur pour qu'il pourvût aux besoins des pauvres en son absence. Un jour, un de ses confrères lui ayant fait observer que la confiance dont ce serviteur était l'objet n'était pas toujours justifiée, il lui fit cette réponse qu'on croirait sortie de la bouche de saint Vincent : « Ma compassion pour les chrétiens pauvres m'avait seule déterminé à l'autoriser à faire quelques aumônes, de peur que les pauvres ne souffrissent trop de notre absence. »

Tant de vertus ne pouvaient passer inaperçues au milieu du troupeau confié à ses soins, malgré son attention à abriter ses mérites sous le voile de l'humilité. De longues années après sa mort, on se souvenait encore dans les provinces qu'il avait évangélisées du bien qu'il y avait fait. Lorsque, en 1869, on informait la cause du Bienheureux dans le Hou-pé et dans le Ho-nan, un vieillard de soixante-dix-huit ans, appelé comme témoin, déposa que son district, où régnait auparavant un grand nombre d'abus et de scandales, avait entièrement changé de face à la suite d'une visite de M. Clet ; ce saint Missionnaire, par sa prudence et son zèle, était parvenu à apaiser les querelles, à déraciner les usages superstitieux, et à convertir les pécheurs les plus endurcis.

Aimé et vénéré des Missionnaires et des fidèles comme un père et un saint, il excitait l'admiration des païens eux-mêmes qui le regardaient comme un être privilégié, jouissant d'un crédit extraordinaire auprès du Maître du ciel. Voici ce que raconte un Missionnaire qui vivait en Chine vers la moitié de ce siècle, et qui avait pu recueillir les témoignages des contemporains du Bienheureux : « Notre vénéré martyr, M. Clet, jouissait, de son vivant, d'une telle réputation de sainteté que chrétiens et païens recouraient à lui dans les malheurs privés et publics. On raconte plusieurs merveilles, fruits de ses prières. Un jour, entre autres, au temps de la sécheresse, la population d'un hameau vint le prier d'obtenir de la pluie; aussitôt, il envoie les chrétiens dans l'oratoire et se renferme lui-même dans sa chambre. Il y resta au moins deux heures en prière, et, lorsqu'il en sortit, les yeux inondés de larmes, il dit aux chrétiens qui attendaient sa réponse : « Vous en aurez trop... « trop. » En effet, il survint une pluie si abondante que ce fut une inondation. »

Ce n'est point le seul fait merveilleux attribué à ses prières. Une femme chrétienne, nommée Paule, était possédée du démon et proférait des impiétés horribles; à sa prière, le Bienheureux lui imposa son étole et l'exhorta à se confesser; elle fut aussitôt délivrée et fit sa confession avec grande abondance de larmes.

« Une autre fois, racontent deux vierges, il voyageait en barque et il devait passer devant une douane où les voyageurs étaient minutieusement examinés; le batelier, craignant que M. Clet ne fût reconnu comme Européen, le pria de demander à Dieu qu'un vent favorable lui permît d'échapper à la visite qu'il redoutait; le Bienheureux pria quelques instants et, aussitôt, un vent impétueux souffla le temps nécessaire pour faire éviter à la barque l'inspection de la douane, puis il s'apaisa. »

Dieu le protégeait visiblement. « Un jour, raconte un témoin, il revenait d'une chrétienté qu'il avait visitée; sur la route, à trois milles environ de cette chrétienté, il rencontra des païens qui l'attendaient dans le dessein de se saisir de lui et de le dépouiller; mais ces hommes n'osèrent pas porter la main sur lui, parce qu'ils le virent tout environné de lumière et élevé de deux palmes au-dessus de la terre. »

De nombreux témoignages attestent qu'il jouissait du don de prophétie. Un témoin a dit : « J'ai appris que M. Clet avait prédit, en prêchant, la persécution contre les chrétiens et qu'il avait ajouté : « Lorsque « le mandarin vous persécutera, hélas! vous aposta- « sierez et vous foulerez la croix aux pieds. » Après ces paroles, M. Clet, prosterné sur le marchepied de l'autel, se mit à pleurer en poussant des soupirs. Peu après, la persécution éclatait, et, malheureusement, elle amena de nombreuses défections. »

On cite encore ce fait extraordinaire : « Un jour qu'il célébrait la messe dans sa chapelle de Kou- tching, deux oiseaux vinrent voleter et gazouiller autour du sanctuaire; bientôt, ils entrèrent dans l'intérieur en chantant. Après la messe et avant le déjeuner, le Bienheureux, étendant la main, les prit et les mit en cage; puis il dit aux chrétiens qui étaient présents : «Vous voyez l'image de ce qui doit m'arriver; « les satellites me prendront comme j'ai pris ces oi- « seaux. » Après le déjeuner, il voulut les revoir, mais ils avaient disparu. »

« Le jour même où il fut pris, écrivait le bienheureux Perboyre en 1837, avant que dans tous les environs on eût la moindre nouvelle qu'on le poursuivait, M. Clet annonça à une personne qui vit encore, que ce jour-là les satellites viendraient le prendre; ce qui donna à penser à cette personne que le Seigneur avait sans doute envoyé son ange pour l'en avertir. »

Le Bienheureux avait l'habitude de prier tous les soirs pour demander à Dieu la grâce du martyre; il ne devait pas tarder à être exaucé; la persécution allait se rallumer avec une nouvelle violence. Voici en quelle circonstance elle se déchaîna contre les chrétiens.

Le 14 mai 1818, un phénomène extraordinaire jeta l'épouvante au palais impérial; entre cinq et six heures du soir, des ténèbres épaisses enveloppèrent tout à coup la capitale et les environs, dégageant une puanteur insupportable; une pluie diluvienne, un vent d'une violence extrême qu'accompagnaient d'effroyables coups de tonnerre, ajoutaient encore à l'horreur de ce spectacle plein d'épouvante. L'empereur Kia-king, effrayé, consulte les magiciens, les devins, les lettrés, pour avoir l'explication de ce phénomène inouï : tous confessèrent leur ignorance. Quelques-uns l'attribuèrent aux enchantements des chrétiens et, comme il n'était que trop facile de le prévoir, la conclusion qu'ils tiraient de là, c'était que le meilleur moyen de conjurer les malheurs dont l'empire était menacé, était de ranimer la persécution assoupie depuis quelques mois. Cette opinion prévalut; et, cette fois, c'est le Hou-kouang qu'elle choisit pour théâtre de ses exploits.

Sa première victime fut M. Chen, le compagnon d'apostolat de M. Clet, qui fut trahi par un faux frère dès le commencement de l'année 1819, près de Koutching; M. Clet put échapper pendant quelques jours, en se cachant dans les antres et les forêts; il était même parvenu à passer dans le Ho-nan, où il croyait être plus en sûreté, lorsque, trahi et dénoncé par un apostat, il fut pris le 16 juin de la même année. Laissons M. Clet raconter lui-même les débuts de cette persécution et les détails de son arrestation. Voici ce qu'il écrivait à M. Lamiot, Missionnaire à Pékin :

« Après la mort de M. Dumazel, ma plus grande croix a été la capture de M. Chen, vendu par un nouveau Judas vingt mille deniers, à quelques prétoriens et à quelques mauvais garnements, connus sous le nom de Houo-hoei. Il a été conduit à Kan-tching; de là, envoyé à Ou-tchang-fou, avec quinze ou dix-huit chrétiens pris à peu près dans le même temps. Son sort n'est pas encore défini. Voici l'origine de la persécution que nous venons d'essuyer :

« Un païen, connu de tous comme un mauvais garnement, qui m'accusa, il y a huit ans, et ne reçut pour récompense qu'une vingtaine de soufflets, a pris, cette année, une voie plus efficace : il a brûlé sa maison, et il a accusé de ce crime deux familles qui auraient agi à mon instigation; il en a même accusé mes deux confrères, MM. Ho et Ngay. Ce dernier a fui dès les premiers jours dans le Chang-tsin-hien. Cette absurde calomnie prit créance au prétoire; la capture de M. Chen, qui a eu lieu quelques jours après, a envenimé l'affaire. Le mandarin a envoyé plus de vingt prétoriens à notre petite résidence. M. Ho était seul au logis, les chrétiens l'ont bien vite fait évader. Les prétoriens ont dévasté notre maison, brisé malles et buffets, ont pris tout ce qui leur a plu, ont enlevé poules et cochons. Le mandarin militaire a voulu, contre tout droit, prendre part à cette affaire; il a envoyé, à diverses reprises, deux ou trois cents soldats chercher l'Européen. Il a mis ma tête à prix, et a promis trois mille taëls et le bouton (*décoration nationale*) à celui qui me prendrait. L'avidité

d'un gain si considérable a mis en activité les prétoriens, les soldats, les païens, et même quelques mauvais chrétiens qui se sont mis à scruter les maisons,
les chaumières, les grottes, les cavernes et tous les
souterrains connus. Cette perquisition dura plus d'un
mois. M. Ho et moi, nous avons parcouru je ne sais
combien d'antres et de cavernes qui n'étaient visités
que lorsque nous étions sortis pour aller dans un
autre lieu plus sûr. Je ne puis ne pas reconnaître et
ne pas admirer l'action de la divine Providence qui,
sans miracle, nous a fait avertir de sortir au plus tôt
d'une caverne souterraine de dix pieds, où on me
croyait bien en sûreté. Il y avait onze jours que j'y
habitais, lorsqu'au soleil couchant, mon compagnon
d'ermitage grimpa jusqu'à un petit trou par où on
pouvait voir sur la route. Dans cet instant, il entendit
un passant qui dit à haute voix : « Dans cette caverne,
« il y a quelqu'un de caché, car la pierre qui en
« bouche l'entrée a été déplacée. » Nous regardâmes
cette parole comme un avis du ciel. Nous devions y
demeurer encore un ou deux jours; mais, dès la nuit
close, nous nous hâtâmes d'émigrer, et, dès le lendemain matin, la caverne fut visitée par un *Ton-sse*
accompagné de deux païens. Délivrés par la divine
Providence d'un péril si imminent, je l'en ai remer-
ciée de mon mieux; et, plein de confiance en Dieu, j'ai
employé sans crainte deux nuits pour sortir d'un
pays où je ne pouvais plus demeurer sans témérité;
et je suis passé dans le Ho-nan, d'où j'ai l'honneur
de vous écrire.

« Les soldats envoyés dans nos montagnes se sont
conduits comme de vrais brigands, dévastant les maisons, brisant les meubles, volant tout ce qu'on n'avait
pu soustraire à leur rapine, arrêtant tous les hommes

qu'ils rencontraient ou les dépouillant de leurs habits. Nous avons à peu près tout perdu, nous n'avons fui qu'avec les habits que nous avions sur le corps; ma malle de messe a été prise et celle de M. Chen; nos livres chinois ont presque tous été portés au prétoire.

« En attendant que je puisse retourner dans nos montagnes de Kan-tching, j'entreprends l'administration du Ho-nan. Ma santé se soutient, malgré nos traverses et mon âge plus que septuagénaire. Je ne désire rien des choses d'ici-bas qu'une bonne montre; de celles que vous nous envoyâtes, il y a plus de deux ans, il n'y en avait qu'une de passable. Les autres avançaient d'une et ensuite de deux heures par jour; ensuite, toutes ont été saisies *d'une fièvre intermittente* qui les a conduites à la mort. Dans le brigandage, je ne sais ce qu'est devenue l'eau baptismale; en conséquence, je prie humblement par votre canal Mgr de Nankin de nous envoyer des Saintes Huiles. »

Quoi de plus touchant que ces lignes d'un vieillard infirme en butte aux poursuites d'ennemis acharnés à sa perte, et qui oublie le danger qu'il court pour employer ce qui lui reste de vie afin de sauver les âmes! Le danger, en effet, était à sa porte; il en avait le pressentiment. Malgré les assurances que lui donnait la famille chrétienne qui l'avait recueilli, il ne se croyait pas en sûreté; et, le 16 juin, après avoir célébré la sainte messe, au moment où il sortait pour aller chercher une retraite plus sûre, il fut arrêté sur le seuil de la porte par les satellites qui avaient cerné la maison.

Ceux-ci étaient conduits par un mauvais chrétien, maître d'école au Hou-kouang, jeune homme de mœurs scandaleuses, que souvent M. Clet avait sévèrement réprimandé pour son inconduite, et qui était devenu l'ennemi mortel des Missionnaires. C'est lui qui avait livré M. Chen pour vingt mille deniers; poussé par l'appât d'un nouveau gain, par l'animosité contre celui qui avait voulu le retirer du vice, il s'était mis à la recherche de M. Clet, dont il finit par découvrir la retraite. La plupart des témoins ajoutent que, lorsqu'il aperçut le jeune traître au milieu des satellites, il s'avança vers lui, et, comme le divin Maître, lui dit : « Mon ami, dans quel dessein êtes-vous venu ici ? » Il lui aurait dit encore, avec une grande douceur : « J'ai pitié de vous. » Sur quoi, le misérable, comme s'il se fût trouvé offensé par ces paroles : « Pourquoi, lui répliqua-t-il vivement, avez-vous pitié de moi? » Puis, se tournant vers les satellites : « C'est lui, dit-il; voici celui que vous cherchez. » Aussitôt le saint prêtre fut chargé de chaînes, et les soldats l'emmenèrent.

Il semble que le ciel lui avait fait clairement connaître le sort qui l'attendait; nous pouvons citer un grand nombre de dépositions recueillies lors des informations canoniques. Plusieurs témoins attestèrent, en effet, qu'à diverses reprises et dès avant son départ du Hou-kouang, le serviteur de Dieu avait prédit, en termes précis, et sa prochaine arrestation, et sa future captivité. L'un d'eux raconte aussi que M. Clet, le matin du jour où il fut pris, vit en songe un jeune homme vêtu de blanc, qui, deux fois de suite, l'appela par son nom et lui dit : « Les satellites approchent; lève-toi »; et comme il ne s'éveillait pas, le jeune homme le saisit par le bras, et l'entraîna hors de son lit, en lui disant : « Voici les satellites, et tu dors! » Se levant aussitôt, le Bienheureux ne douta pas que son ange gardien ne l'eût averti du péril qu'il courait.

Ses hôtes lui fournirent des habits d'emprunt, et, déguisé en marchand, une cruche d'huile à la main, il allait partir lorsqu'il tomba entre les mains des satellites.

VII

1818-1820

Dès que le traître eut donné aux satellites le signal
perfide, ceux-ci se jetèrent sur le serviteur de Dieu, le
frappèrent brutalement et le chargèrent de chaînes.
Les chrétiens qui lui avaient donné asile subirent le
même sort que lui; ils furent traités si durement que
le Bienheureux disait qu' « on ne leur avait laissé que
les yeux pour pleurer». Loin de se plaindre des mauvais traitements dont il était l'objet, M. Clet se réjouis-
sait d'avoir été jugé digne de souffrir persécution
pour Jésus-Christ; son unique peine était de voir ses
chers chrétiens victimes de leur dévouement pour sa
personne.

Les soldats le conduisirent à Nan-yang-fou, poussant des cris de joie et de triomphe, heureux et fiers
d'avoir pu enfin se saisir de celui qui avait pendant si
longtemps déjoué toutes les recherches des mandarins. Le hideux cortège traversa les principales rues
de la ville au milieu d'une population ivre de joie; et
bientôt les portes de la prison se fermaient sur le
pauvre captif. Dans cette prison sombre et infecte, on
ne saurait dire ce que le Missionnaire eut à supporter. C'était pendant la nuit qu'il endurait son plus

cruel supplice : étendu sur une planche grossière, il avait les pieds, les mains, le cou resserrés dans des entraves qui le réduisaient à une immobilité absolue.

Cependant, il tardait au mandarin de Nan-yang-fou de faire connaissance avec le prisonnier ; il le traduisit à son tribunal, et lui fit subir de longs et minutieux interrogatoires, dans le dessein de lui arracher des aveux compromettants pour les autres Missionnaires, et cherchant à le faire apostasier par des menaces de supplices et de mort. Mais toutes les tentatives vinrent se briser contre son attitude ferme et inébranlable ; M. Clet confessa hautement la foi de Jésus-Christ, il se déclara prêt à tout souffrir plutôt que de trahir son divin Maître.

Irrité de voir ses menaces sans effet, le juge ordonna de le traiter avec la dernière barbarie. On le fit mettre à genoux, les mains attachées derrière le dos ; puis un bourreau lui appliqua avec la dernière violence trente soufflets. Pour ce supplice, on se servait d'un instrument composé de trois semelles de cuir dur soudées l'une à l'autre et auquel on adaptait un manche en bois ; et, armé de cet instrument, le bourreau frappait le patient, sur la tête, sur les joues et en plein visage, et avec une telle violence que la mâchoire et le crâne semblaient devoir être brisés. Bientôt la figure n'offrait plus qu'une plaie, les joues étaient déchirées, et le sang découlait sur les vêtements.

Ces débuts pouvaient faire pressentir au généreux confesseur de la foi ce qui l'attendait dans le cours de son martyre, car il ne pouvait se faire illusion sur l'issue de son arrestation. Dix jours après ce premier supplice, M. Clet dut entreprendre, chargé de chaînes, un voyage de soixante lieues, pour se rendre de la

prison de Nan-yang-fou dans celle de Khaï-foung-
fou, capitale du Ho-nan. Mais il ne changeait de geôliers que pour tomber entre les mains de bourreaux
encore plus barbares que les premiers.

On le fit paraître devant le gouverneur et les principaux mandarins de la province; pendant son interrogatoire, qui dura quatre heures, on l'obligea à se
tenir à genoux, sans appui, sur des chaînes de fer.
Or, à un instant, le vénérable vieillard dont le corps
s'affaissait et se tordait sous la violence de la souffrance, leva la tête et dit au juge : « Mon frère, tu me
juges maintenant; mais, dans peu de temps, mon Sauveur te jugera lui-même. » Le mandarin rendu furieux
par cette menace, lui répondit : « Je vais te frapper en
attendant, et je verrai comment ton sauveur me
punira. » Et, sur son ordre, le soufflet fit de nouveau
son office sur les plaies encore fraîches et saignantes
du martyr. La pauvre victime, à bout de forces, se
rappela son divin Jésus; il garda le silence, *Jesus
autem tacebat;* mais la prophétie du confesseur de
la foi ne tarda pas à s'accomplir; au moment où
M. Clet subissait le martyre, ce mandarin expirait, le
corps scié en deux; ce qui, en Chine, est le supplice
des traîtres.

Le Bienheureux a lui-même décrit les diverses tortures qu'il a endurées dans ses interrogatoires. Il
écrivait, à ce sujet, à un Missionnaire de Macao,
M. Richenet : « J'ai été honoré à différentes reprises
d'une trentaine de soufflets et d'un agenouillement
pendant trois ou quatre heures sur des chaînes de
fer. »

Rendu à sa prison, le corps brisé, les chairs en
lambeaux, il allait chercher force et soutien dans la
prière; le geôlier s'en aperçut une fois; par un senti-

ment de respect et de compassion à ce touchant spectacle, il n'osa s'approcher ; mais le matin il raconta le
fait à un chrétien et lui dit avec émotion : « Quel pro-
dige voulait donc obtenir ce vieillard, qui a veillé ainsi
jusqu'au lever du jour? » Souvent aussi, pour prier,
le Bienheureux s'agenouillait sur un petit banc à son
usage ; un autre geôlier, moins humain, mit dessus
des chaînes de fer, mais M. Clet continua de s'y agenouiller comme s'il ne se fût aperçu de rien.

Cette prison de Khaï-foung-fou se distinguait entre
toutes les autres par les raffinements de barbarie
envers les pauvres prisonniers; outre les privations et
les souffrances communes aux autres prisons, on avait
encore à endurer dans celle-là une incommodité
qui, au dire de M. Clet lui-même, était très douloureuse et très gênante : « C'était une chaîne de fer qui
nous liait tous sur notre chevet, et nous empêchait de
lever la tête ; on pouvait seulement, avec bien des
efforts, se tourner sur le côté ou sur le dos. »

Dans le courant du mois de juillet, le serviteur de
Dieu dut encore changer de prison : il fallait qu'il
goûtât toutes les rigueurs du régime cellulaire. Le
juge ayant appris que M. Clet avait sa résidence dans
le Hou-kouang, il le fit transporter de la prison du
Ho-nan dans celle de Ou-tchang-fou, capitale du Hou-
kouang pour y être interrogé et jugé. La distance à
parcourir était de cent quarante lieues. M. Clet mit
vingt jours à faire ce voyage, les fers aux pieds, les
menottes aux mains et les chaînes au cou. Le long du
chemin, pas d'autres refuges pour se reposer que des
prisons où la puanteur le disputait à la malpropreté.
Il était porté, comme les grands criminels, dans une
cage en bois. D'après un témoin oculaire cité devant
le tribunal d'Ou-tchang-fou, lorsque le serviteur

de Dieu arriva dans cette ville, « ses vêtements étaient couverts de sang, par suite des mauvais traitements et des soufflets qu'il avait reçus pendant la route; néanmoins, son visage était gai, il avait le sourire sur les lèvres et ne laissait échapper aucune plainte ».

Cependant la divine Providence, qui semblait avoir abandonné le confesseur de la foi à la fureur brutale de ses bourreaux, veillait sur lui, et lui avait ménagé une surprise bien propre à adoucir ses souffrances et les rigueurs de sa captivité. Laissons-le ouvrir son cœur aux épanchements de sa reconnaissance envers le Dieu bon et miséricordieux, qui se plaît, bien souvent, à se jouer des vaines inventions des hommes, et à faire servir les projets des méchants au profit de ses fidèles serviteurs :

« L'intention du mandarin, raconte-t-il lui-même, était de m'envoyer dans une prison où j'aurais été seul chrétien, et où j'aurais peut-être péri faute de secours, mon séjour dans les prisons du Ho-nan, et ma longue route ayant fort altéré ma santé; mais la bonne Providence a permis que les geôliers de cette prison ne voulussent pas me recevoir. J'étais alors dans un pauvre état : une grande maigreur, une longue barbe qui fourmillait de poux, une chemise assez malpropre, sur une culotte du même calibre, tout cela annonçait un homme qui n'avait pas d'argent. Ce refus a été cause qu'on m'a conduit dans une prison voisine où j'ai eu la consolation de trouver M. Chen, et dix bons chrétiens réunis seuls dans une chambre, où nous faisons, sans gêne et en commun, les prières du matin et du soir; où nous pouvons même célébrer les fêtes, sans être inquiétés, soit par les geôliers, soit par une multitude de païens prisonniers qui occupent d'autres chambres donnant sur une vaste cour, où chacun a la liberté de se promener, depuis l'aurore jusqu'à la nuit.

« A cette vue, je vous avoue que je n'ai pu m'empêcher de verser des larmes de consolation et de joie, en considérant le soin paternel du Bon Dieu à l'égard de son indigne serviteur et à l'égard de ses enfants fidèles, qui ne pouvaient être confessés que par moi. Nous avons tous fait la confession ; et M. Tchang, qui continue en secret la visite des chrétientés dans les lieux voisins de cette ville, ayant célébré la messe dans une maison peu éloignée, nous a apporté la sainte communion, à l'insu de tous nos cohabitants ».

Mais la joie de se retrouver avec ses confrères et ses chers chrétiens, et d'avoir pu transformer sa prison en un petit oratoire où ils pouvaient prier en toute liberté, allait être troublée par une des plus grandes peines que le serviteur de Dieu ait ressenties dans sa vie : pour que le sacrifice fût complet, il devait, comme son divin Maître, connaître les sombres terreurs de Gethsémani. Voici à quel sujet. En faisant perquisition dans sa résidence, le mandarin avait saisi trois lettres, qui lui étaient adressées par M. Lamiot, supérieur de la mission de Pékin depuis la mort de M. Ghislain. Le mandarin montra ces lettres à M. Clet, en disant qu'il en connaissait l'auteur et qu'il était inutile de le lui cacher. Dans ce moment de cruelle perplexité, M. Clet finit par reconnaître qu'elles étaient bien de M. Lamiot. Ce fait une fois constaté, le mandarin en donna avis à la cour de Pékin ; et M. Lamiot ainsi découvert fut arrêté et obligé de venir rejoindre M. Clet pour être confronté avec lui. Lorsque notre Bienheureux sut le résultat de cet aveu arraché par la ruse, sa douleur fut au comble ; il s'imagina avoir compromis par son imprudence son confrère de Pékin et toutes les missions de la Chine ; pendant plusieurs semaines sa vie ne fut plus qu'une douloureuse agonie où son âme était submergée dans un océan d'amertume ; dans l'excès de sa douleur, il déclare accepter la mort qui l'attend, comme l'expiation d'un crime. Mais l'humble serviteur de Dieu se calomniait lui-même, en s'accusant d'être la cause de l'arrestation de M. Lamiot ; celui-ci s'est chargé de rétablir lui-même les faits dans leur réalité. Dans une lettre qu'il écrivait peu après à son frère M. Pierre Lamiot, principal du collège d'Aire-sur-la-Lys, il déclare formellement que l'auteur de son arrestation n'était autre que le misérable apostat qui avait déjà dénoncé MM. Clet et Chen.

D'ailleurs, le vrai motif de son arrestation était sa qualité de Missionnaire chrétien plutôt que sa correspondance avec M. Clet ; ainsi que le prouve son interrogatoire, où il ne fut pas même question de ces fameuses lettres.

Après un voyage de trois cents lieues, M. Lamiot et sa suite arrivaient vers les fêtes de Noël à deux jours de marche de Ou-tchang-fou ; là il écrivait à M. Clet pour lui annoncer son arrivée et s'entendre avec lui sur les réponses à faire au tribunal. M. Clet lui répondit par une lettre des plus touchantes où il s'accuse d'imprudence et lui demande pardon de l'avoir compromis. En lisant cette lettre, M. Lamiot ne put retenir ses larmes ; il lui tardait d'être en présence de son vénéré confrère pour le consoler et le rassurer.

« Le lendemain de notre arrivée, écrit M. Lamiot, on me conduisit au tribunal où se trouvaient déjà MM. Clet et Chen ; après nous avoir fait mettre à

genoux tous les trois, on me demanda si je connaissais M. Clet; je répondis le connaître, quoique sa
figure fût si décomposée que je ne reconnaissais aucun
de ses traits, mais j'étais si convaincu que c'était lui,
qu'il ne m'était pas possible de le méconnaître. Au
sortir du tribunal, un mandarin tartare vint me saluer; j'avais été en rapports avec lui, pour affaires de
traduction, auprès du gouvernement. Il me demanda
ce qui m'amenait ici. Il le savait. Où en était mon
affaire, il le savait probablement mieux que moi.
Pendant cette conversation, j'aperçois à côté de moi
MM. Clet et Chen. Je dis au premier : « Bon cou-
« rage! je me recommande à vos prières; comment
« vous portez-vous? » Il me répondit en riant : « Je
« ne sais plus parler ni français, ni latin, ni chinois. »
M. Chen riait aussi. On m'aperçut, et sur-le-champ
nous fûmes séparés; ce sont les derniers mots que
nous pûmes nous dire. Nous subîmes encore d'autres
interrogatoires assez fatigants, tantôt à genoux, tantôt
assis. Cependant le plaisir indicible que nous avions
de nous voir compensait bien ces petites tracasse-
ries. M. Clet, qui avait beaucoup souffert dans sa
prison, paraissait reprendre son ancienne physiono-
mie, quoiqu'il ne s'abusât pas sur le sort qui l'attendait. »

Dans une lettre à M. Verbert, vicaire général de la
Congrégation, M. Lamiot revient sur ces intermi-
nables interrogatoires, et donne de nouveaux détails,
qui en augmentent l'intérêt.

« La première fois que je parus en jugement avec
M. Clet, je savais que c'était lui, mais je ne le reconnus pas, quoique aux autres entrevues il m'ait
paru absolument tel que je l'avais connu, il y a trente
ans. Seulement, il avait la peau moins délicate, et un

air un peu rustique, qu'il n'avait pas autrefois, comme vous savez, et qu'il avait contracté en courant les montagnes. J'ai été frappé de la sagesse de ses réponses. Lorsqu'on me fit mettre à genoux à son côté, il se mit à pleurer... Comme on voulait frapper M. Chen, il s'écria : « Pourquoi le frapper, je suis seul cou-« pable? » Le mandarin lui dit : « *Vieille machine* « (grosse injure chinoise), tu as corrompu trop de « nos gens, l'empereur veut ta vie. » Il répondit : « Bien volontiers. » J'admirai sa sensibilité extrême pour M. Chen et pour moi, son intrépidité pour le martyre, et sa présence d'esprit; ce qui me fit une impression qui ne s'effacera jamais de mon âme. »

Cependant la pensée qu'il avait pu, par un aveu imprudent, avoir été la cause de l'arrestation de M. Lamiot ne quittait pas M. Clet; on peut présumer que c'est ce souvenir qui lui arracha des larmes, lorsqu'il vit ce Missionnaire agenouillé à côté de lui au tribunal. Dans une lettre qu'il écrivait à son confrère, le 20 janvier, quelques jours avant sa mort, il revient encore sur cette affaire :

« Je suis tellement habitué à dire la vérité, écrit-il, que je ne sais mentir qu'après réflexion. De là, le vice-roi de la province m'ayant demandé si je n'avais pas visité d'autres lieux, je répondis sans hésiter que j'avais encore visité Song-tchouang et Kio-chan, sur quoi je fus renvoyé au Tao-li, ou membre du tribunal criminel, pour m'interroger; alors, refusant d'avouer que je connusse les chrétiens de cet endroit, je fus régalé de quinze soufflets; ce qui me fit répandre une assez bonne quantité de sang. Disant toujours que j'avais oublié le nom des chrétiens de ces districts, on me fit agenouiller à nu sur des chaînes de fer pendant trois ou quatre heures. N'avouant toutefois rien, les tao-li présents dirent à un de mes compagnons de chaîne de me suggérer les noms de ces deux districts; celui-ci, touché sans doute de compassion pour moi, est venu me suggérer quelques noms que je n'ai pu désavouer devant le mandarin. Ce même mandarin me demanda si j'avais visité Lou-y-hien; il avait sans doute reçu la liste des chrétiens de ce lieu; il me demanda si je les connaissais; je répondis : Non; mais auparavant, à force d'instances, j'en avais désigné deux ou trois. Ce fut peut-être une faute, mais bien moindre que celle que j'ai commise à votre égard, puisque c'est sans violence que j'ai avoué avoir eu des relations avec vous. » On voit par ces explications que tout se réduisait à un scrupule, à un excès de franchise.

A cette peine si vive, qui avait jeté le trouble dans son âme, vint s'ajouter une seconde peine non moins poignante, qui remplit d'une tristesse amère les quelques jours qu'il avait à passer sur la terre : ce fut la défection de quelques chrétiens vaincus par la persécution. On le vit un jour pleurer sur ces malheureux apostats, dont la défection n'eut d'autres résultats que d'aggraver leur situation.

« Leur malice, écrit M. Clet, les a trompés; tandis que, dans notre prison, nous ne manquons de rien, ces malheureux prévaricateurs sont misérables. Ils croyaient qu'aussitôt après leur apostasie on les renverrait chez eux; on les a retenus quatre ou cinq mois, dans une prison où ils meurent de faim. Il leur a fallu subir cette longue incarcération, où ils manquaient de tout, tandis que nous fournissons des habits, des couvertures et de l'argent à une douzaine de bons chrétiens restés fidèles. Enfin le 1er janvier, nous avons tous été conduits au grand mandarin, qui a présenté aux apostats de la viande de porc, dans un lieu séparé de nous; ils en ont tous mangé, quoique ce fût un samedi, ce qui est un signe d'apostasie; après quoi on les a renvoyés chez eux. Ils auraient été réduits à mendier leur pain, si nous ne leur avions donné des sapèques, par compassion, pour leur voyage. »

Indifférent à ses propres souffrances, le Bienheureux retrouvait toute sa sensibilité naturelle quand il s'agissait des souffrances de ses semblables. Dans sa prison, ses chers chrétiens qu'il avait laissés dans les montagnes du Kou-tching étaient sa peine et sa douleur. « Toutes leurs maisons, écrit-il, ont été pillées, ravagées, dévastées. » Ne pouvant leur venir directement en aide, il essaie du moins d'intéresser le ciel en leur faveur. Il jeûne, il prie pour l'heureuse issue d'un procès qui ne peut que consommer leur ruine. « Ce procès qu'ils poursuivent contre le chef des prétoriens, ils l'ont engagé malgré moi; s'ils le gagnent, ils obtiendront la paix pendant quelques jours; mais, s'ils le perdent, ils perdront tout et seront obligés de fuir. »

De sa prison de Ou-tchang-fou, sa compassion s'étend jusqu'aux malheureux prêtres français, dont il a appris le sort lamentable, et qui gémissent dans d'affreuses prisons. A côté de cette dure captivité, son sort lui paraît enviable.

C'est qu'en effet la prison du Hou-pé était bien plus supportable que celle du Ho-nan. « J'ai trouvé dans le Ho-nan, dit-il, des mandarins assez durs à mon égard; mais ceux-ci sont fort doux; ils ont compassion de nous, et nous invitent à nous asseoir lorsque les audiences sont trop longues. Trois fois ils nous ont fait dîner, s'étant informés si nous avions pris notre repas; et une fois, s'étant enquis de nous si c'était jour d'abstinence, sur notre négative, ils nous ont fait donner de la viande. »

Après avoir rendu hommage aux magistrats du Hou-kouang, il fait la description du régime de sa prison, lequel lui paraît fort acceptable.

« Je ne sais, dit-il dans une lettre adressée à M. Richenet, quel est l'état des prisons en France; mais vous pourrez en faire la comparaison avec celle du Hou-pé. Douze taëls environ ont fait tomber de notre cou, de nos mains, de nos pieds les chaînes, les menottes et les entraves. Pour cela, chaque prisonnier donne plus ou moins, à raison de ses facultés. Dans la cour, qui est assez vaste, il y a plusieurs potagers, où chacun peut faire cuire son riz, dont la quantité est suffisante pour un homme qui n'est pas gros mangeur. On fournit le combustible et de quoi faire cuire ce riz, mais on ne donne ni huile ni sel; de façon que les très pauvres font une très maigre chère. Pour nous, nous vivons en commun; nous avons un commissionnaire gagé qui va tous les jours au marché pour nous acheter tout ce dont nous avons besoin en fait de légumes, et quelquefois de viande, de poisson. Les chrétiens circonvoisins nous offrent assez souvent de la viande, du poisson, des fruits de divers genres; vous voyez par là que nous ne sommes pas bien à plaindre. Mais il y a une ombre au tableau ; nous ne sommes pas sans quelques souffrances. Dès que la nuit arrive, grands et petits jours, il faut mettre une de ses jambes dans une entrave jusqu'à l'aurore du lendemain. Cette entrave est formée de deux planches de deux pouces d'épaisseur, que le geôlier réunit ensemble et ferme par un cadenas, après que le prisonnier a mis une de ses jambes dans un

5.

trou formé en rond; d'où il ne peut sortir que le lendemain, à l'ouverture du cadenas. Ce n'est pas la jambe entravée qui souffre le plus, excepté du froid, pour ceux qui ne sont pas nantis de bons bas; c'est l'autre jambe, que l'on ne peut étendre à volonté, ce qui, je vous l'avoue, est fort incommode.

« Le mandarin préposé à la surveillance des prisonniers est responsable de leur vie et de leur santé; s'ils viennent à tomber malades, ils doivent être soignés aux frais de l'État; s'ils viennent à mourir, il faut rendre compte à l'empereur des causes de leur mort; et, pour peu que le mandarin ait à se reprocher quelque négligence ou quelque abus de pouvoir, il est immédiatement et sévèrement puni.

« Je puis parler des prisons de Chine de science certaine, puisque j'ai dû passer par vingt-sept prisons pour être traduit du Ho-nan à Ou-tchang-fou; or nulle part ni cachots, ni basses fosses, comme autrefois en France. Dans la prison où je suis, il y a des meurtriers, des brigands, des voleurs; tous jouissent depuis l'aurore jusqu'à la nuit de la liberté de se promener, de jouer dans une vaste cour et d'y respirer un air pur si nécessaire à la santé. J'ai vu un homme qui avait empoisonné sa mère, crime horrible! et il a été libre dans cette cour jusqu'au jour de son supplice.

« Aux approches de l'hiver, on donne à chacun une natte de paille pour se garantir du froid, et, aux approches de l'été, un éventail pour modérer la chaleur. Une lampe doit éclairer chaque chambre toute la nuit, et il y a un surveillant qui couche sur un lit et qui est chargé de maintenir le bon ordre et de pourvoir aux besoins des prisonniers. Dans la cour, il y a quatre hommes gagés pour battre à tour de rôle un instrument dont le bruit, après quatre ou cinq jours, n'empêche pas de dormir.

« Les prisonniers les plus notables nomment un d'entre eux qui ait bonne tête pour arrêter les disputes inévitables parmi un amas de gens sans règle et sans mœurs. Si l'un vient à se battre, on avertit le mandarin qui vient gravement faire donner quelques coups de bastonnade aux coupables et faire à tous les auditeurs une exhortation sur la paix. Je ne dois pas oublier que la commisération chinoise va jusqu'à donner aux prisonniers, pendant les grandes chaleurs, du thé en abondance ou bien quelque boisson rafraîchissante, et, en hiver, des habits et des culottes fourrées de coton aux plus pauvres. »

On voit par cette description que, malgré les mauvais traitements qu'il avait endurés pendant sa longue détention et les interrogatoires où les juges se jouaient de la vie humaine, le Bienheureux n'avait rien perdu de sa sérénité ni de sa gaieté habituelle. Or, tandis qu'il attendait avec résignation et calme l'issue de son jugement, une nouvelle venue de France apporta un bien douce joie à son cœur : il venait d'apprendre que la Congrégation de la Mission, dissoute et dispersée pendant la tempête révolutionnaire, venait d'être rétablie. A cette heureuse nouvelle, il écrivait le 28 décembre 1819 à M. Richenet fixé à Macao : « J'apprends avec plaisir la résurrection de notre Compagnie. » Puis, le 26 janvier 1820, dans un post-scriptum ajouté plus tard à cette lettre, il ajoutait : « Hier 25 janvier, nous avons célébré l'anniversaire du premier établissement de notre Société ; M. Chen et moi nous avons reçu la sainte communion des mains de M. Tchang ; et grâce à l'amabilité de M. Lamiot qui a voulu que les prisonniers eussent leur petite fête, à midi nous avons fait un petit festin où nous étions trois prêtres et six laïques, dont deux de notre prison et quatre du dehors. Il ne nous manquait que M. Lamiot qui, en esprit de fraternité, a payé les frais du repas. »

Les dernières préoccupations du martyr furent pour sa chère Congrégation qu'il aimait comme une mère. En l'absence de M. Lamiot, les lazaristes portugais avaient pris la direction de l'église du Pé-tang appartenant aux Français, et ils semblaient vouloir s'y établir définitivement. Le titulaire du Pé-tang, M. Lamiot, prit ombrage de cette prétention; de là un différend assez vif. M. Clet fut choisi pour arbitre, les deux parties ayant déclaré s'en rapporter à sa haute sagesse qui ne faisait doute pour personne. Or comme les données qu'il recevait de part et d'autre étaient contradictoires, il lui fut impossible de voir de quel côté était le bon droit; il engagea M. Lamiot à abandonner la lutte, à se confier à la Providence pour l'issue de cette affaire et à posséder son âme dans la paix. « Vivez donc, mon cher confrère, pour la conservation de la religion dans la capitale de l'Empire; n'allez pas vous livrer à la mélancolie et au chagrin; n'allez pas, comme les Chinois, et comme je l'ai vu, vous battre la tête contre les murs, parce que les choses ne vont pas comme vous voudriez. Dieu est patient; à son exemple, soyez aussi patient; *In patientia vestra possidebitis animas vestras.* Prions Dieu de réformer les désordres du monde; opposons-nous, selon nos moyens, aux désordres du monde; après quoi tenons-nous tranquilles. Saint Vincent disait : « N'empiétons pas sur la Providence. Dieu qui pourrait créer mille mondes en un seul instant employa six jours à créer celui que nous habitons. Dieu, malgré les besoins du monde, tarda quatre mille ans à lui envoyer un Rédempteur. » Ainsi laissons dire à l'impétueux M. Bourdoise que saint Vincent était une poule mouillée ; saint Vincent a fait mille fois plus de bien avec sa lenteur que M. Bourdoise avec sa vivacité. Ainsi prenez patience ; n'altérez pas inutilement votre santé qui vous sera nécessaire au temps le moins attendu, mais connu par Celui seul qui sait tout et qui *disponit omnia suaviter.* Dieu vient de vous envoyer une forte épreuve ; mais pensez avec le pieux auteur de *l'Imitation* qu'après l'hiver vient l'été, après la nuit vient le jour, et après la tempête vient le calme... Relisant tout ce que je vous écris, je pense que c'est Gros-Jean qui enseigne son curé. »

Cependant l'heure du sacrifice approchait ; le Bienheureux pouvait dire avec le grand apôtre : *Bonum certamen certavi, cursum consummavi, fidem servavi; in reliquo reposita est mihi corona justitiæ quam reddet mihi Dominus in illa die justus judex :* « J'ai combattu le bon combat, j'ai achevé ma course, j'ai conservé ma foi, il ne me reste plus qu'à recevoir la couronne de justice des mains du juste juge. » Il pouvait déjà entrevoir par la foi la récompense qui devait être le digne couronnement de sa longue carrière, dont tous les instants avaient été consacrés à la gloire de Dieu et au salut des âmes. Depuis plusieurs semaines déjà, le tribunal de Ou-tchang-fou avait rendu contre lui une sentence de culpabilité. « MM. Lamiot, Chen et moi, raconte-t-il lui-même, nous avons été jugés définitivement par le grand mandarin, le premier jour de janvier, qui tombait un samedi. D'abord, on a porté aux apostats de la viande de porc ; ils en ont tous mangé, ce qui, dans cette circonstance, est un signe d'apostasie. Ensuite on a fait comparaître vingt-trois

chrétiens fidèles qui, persévérant dans la profession
de notre sainte foi, ont été renvoyés en prison pour
y attendre la décision de l'empereur. En dernier lieu
ont comparu MM. Lamiot, Chen et moi ; après deux
ou trois interrogations qui nous ont été faites, le
gouverneur a déclaré M. Lamiot déchargé de toute
accusation, et lui a donné ordre de se lever. Enfin
M. Chen et moi demeurant à genoux, le gouverneur
a exhorté M. Chen à apostasier ; sur son refus, il a été
déclaré sujet à la peine. Quant à moi, le gouverneur
a prononcé quelques mots pour m'excuser sur mon
séjour en Chine, ce qui a été confirmé en secret par
un mandarin inférieur. M. Lamiot est retourné en
chaise à porteur à son hôtel ; et M. Chen et moi, avec
nos chaînes aux pieds, aux mains et au cou, nous
avons été reconduits en prison où nous avons aussitôt
déposé ces ornements dont nous ne sommes *décorés*
que lorsqu'il faut comparaître devant le mandarin.
Nous attendons à présent la décision de l'empereur,
que l'on conjecture devoir arriver dans cinq ou six
jours. Quoique le gouverneur ait écrit quelques mots
à ma décharge, on doute fort que l'empereur consente
à me laisser vivre : je me prépare donc à la mort,
disant souvent avec saint Paul : « *Mihi vivere Christus*
« *est, et mori lucrum* ; ma vie c'est Jésus-Christ, et la
« mort m'est un gain. » Écrivant aux lazaristes de Nam-
tang à Pékin, il leur dit : « Je ne compte pas sur la clé-
mence de l'empereur ; je me prépare à mourir dans
quinze ou vingt jours. J'attends, grâce à Dieu, cet arrêt
et son exécution avec patience et tranquillité, disant
avec saint Paul : *Mihi vivere Christus est, et mori lucrum.* »

Les magistrats, hommes cependant peu sensibles
de leur nature, ne pouvaient se défendre d'un senti-

ment de sympathie et de compassion respectueuse pour ce vieillard si doux, si patient, au milieu des injures et des outrages dont on l'accablait, n'ouvrant la bouche que pour défendre ses compagnons de captivité lorsqu'il les voyait maltraités. « Un jour, raconte M. Lamiot, voyant qu'on frappait vivement M. Chen, pour la seconde fois, M. Clet prit sa défense et s'écria :« Pourquoi le frapper, et non pas moi ?» Le mandarin, tout ému, se retira les larmes aux yeux : « Je n'ai jamais vu, disait-il, de telles gens; je serais un malheureux si je faisais du mal a un tel homme. »

On attendait la réponse de l'empereur sur le sort du condamné ; mais on avait peu d'espoir d'en recevoir une favorable. Le saint prisonnier ne s'y trompait pas. Dans ses exhortations aux chrétiens prisonniers comme lui, il leur disait : « Il faut nous préparer à de plus grands combats; certainement je serai mis à mort pour le Christ; mais ne craignez rien; ayez confiance en Dieu; ne désertez jamais la foi, et souffrez patiemment, pour l'amour de Dieu, tous les tourments, toutes les épreuves, jusqu'à la mort, s'il le faut. »

Plus l'heure du sacrifice approchait, plus les chrétiens s'empressaient de venir le visiter pour le consoler et lui exprimer la part qu'ils prenaient à son malheur; à tous il adressait la même parole : « Pour moi, mourir est un gain » ; et ils se retiraient consolés eux-mêmes et édifiés à la vue de tant de courage et d'une si admirable sérénité en face de la mort.

Or, tandis qu'on attendait la décision impériale, « M. Clet, raconte M. Lamiot, assembla dans sa prison huit grands chefs de chrétienté et leur donna ses derniers avis dans un repas frugal qui rappelait les agapes des premiers temps. » C'étaient les dernières volontés d'un mourant. La décision de l'empereur Kia-king venait d'arriver ; elle disait : que l'européen Liéou avait trompé et corrompu beaucoup de monde en expliquant l'évangile, et concluait qu'il devait être attaché à une croix et mourir étranglé.

Sans retard, le 17 février, dès le matin, les satellites entrèrent dans sa chambre et lui ordonnèrent de les suivre. « Me ramènerez-vous ici ? » demanda le Bienheureux. Comme ceux-ci paraissaient hésitants : « Dites la vérité, interrompit M. Chen, les Européens ne craignent pas la mort. » Ils avouèrent alors qu'ils ne devaient pas le ramener. A cette réponse, une vive expression de joie vint éclairer le visage du martyr. Il demanda seulement qu'on lui permît quelques instants d'entretien avec M. Chen ; celui-ci lui donna l'absolution.

On aurait voulu lui faire prendre d'autres vêtements que ceux qu'il portait et qui étaient vieux et usés ; M. Lamiot lui avait fait acheter récemment des habits neufs pour qu'il les mît en allant au supplice ; il les refusa, disant qu'il allait à la mort non comme martyr, mais comme pénitent. Avant de quitter la prison, il se tourna vers les chrétiens qui étaient là, fondant en larmes, et les pria de ne point s'affliger à son sujet, mais plutôt de se réjouir de ce qu'il avait le bonheur de mourir pour Notre Seigneur Jésus-Christ. « Soyez toujours, leur dit-il en terminant, de fervents serviteurs de Dieu, et n'abandonnez jamais la foi. »

Les satellites le conduisirent hors de la ville, jusqu'au lieu où l'on exécute les condamnés à mort. Là s'élevait un poteau en forme de croix. Le Bienheureux demanda aux mandarins la permission de faire une courte prière ; sur leur consentement, il s'agenouilla quelques instants ; puis se levant : « Liezmoi », dit-il aux bourreaux. Il fut alors attaché au gibet avec des cordes qui, partant de son cou, lui liaient les mains derrière le dos, et serraient ses pieds l'un contre l'autre. En Chine le malheureux qui subit le supplice de la strangulation ne meurt qu'après une longue et cruelle agonie. Les bourreaux ne l'achèvent pas du premier coup, mais lui rendent à trois reprises la respiration, de manière à lui faire éprouver trois fois de suite, toutes les horreurs de la mort. Les chrétiens avaient promis une récompense aux bourreaux pour les engager à faire souffrir le moins possible le généreux martyr ; ils acceptèrent la récompense, mais après l'événement on eut la preuve qu'ils n'avaient rien fait pour la mériter ; ils voulurent se montrer vraiment dignes de leur titre de bourreaux, en joignant la fourberie à la cruauté. Le sacrifice était consommé, et au milieu de ces affreuses tortures le visage du martyr avait conservé un rayonnement de joie, qui était comme un reflet de la gloire céleste où il venait d'entrer.

CHAPITRE VIII

1820-1900

Les prédictions du Bienheureux, annonçant à ses juges que leur conduite inhumaine ne resterait pas impunie, ne devaient pas tarder à se réaliser. Dans une lettre portant la date du 25 septembre 1837, un autre martyr, M. Perboyre, raconte ce fait déjà cité plus haut : « Pendant l'interrogatoire que M. Clet eut à subir dans les prisons du Ho-nan, il dit au mandarin qui l'avait soumis à une cruelle torture : « Mon frère, tu me juges maintenant; bientôt mon Seigneur te jugera toi-même. » Au moment où le glorieux martyr expirait sur son gibet, ce mandarin tombait en disgrâce et subissait l'horrible supplice réservé aux traîtres et aux séditieux : son corps fut scié en plusieurs morceaux, et ses membres furent jetés dans le fleuve. Le bienheureux Jean-Gabriel Perboyre raconte un autre fait qu'il dit tenir d'un témoin digne de foi : « Au tribunal d'Ou-tchang-fou, dans le Houpé, M. Clet dit à un catéchiste qui était venu le voir dans sa prison : « Maintenant, je suis jugé ; mais l'Empereur, qui m'a mis en jugement, périra bientôt, car la mesure de ses crimes est comble. » Six mois après, l'empereur Kia-king était frappé de la foudre, et sa mort fut entourée de circonstances qui ne permettent pas de douter qu'elle ne fût l'effet des justes vengeances du ciel.

La population tant païenne que chrétienne ne s'y trompa point ; les esprits vivement impressionnés étaient sous le coup d'une terreur qu'ils ne cherchaient pas à dissimuler, tous affirmaient hautement que le ciel vengeait la mort du généreux martyr. Le 19 janvier 1835, le nouveau supérieur du Pé-tang, M. Torrette, écrivait à M. Étienne alors procureur général de la Congrégation : « Ceux parmi les païens que n'aveugle pas une haine implacable contre les chrétiens, disaient : « Voyez comme ont péri tous ceux « qui ont persécuté les gens de cette religion. Depuis « qu'on a fait mourir le vieux Liéou (M. Clet), nous « n'avons jamais eu une bonne récolte, mais toujours « malheurs sur malheurs. Voyez, ajoutaient-ils, la triste « fin des trois dénonciateurs du P. Liéou : l'un s'est « mangé la langue avec rage dans sa dernière maladie; « le second s'est dévoré les doigts avec fureur ; et le « troisième a été trouvé à la campagne, le ventre par- « tagé en deux. » La population est vivement impres- sionnée. Il en restera, je l'espère, un peu de tranquillité pour les Missionnaires et les chrétiens, et peut-être aussi de nombreuses conversions ; nous devons l'at- tendre de la miséricorde du Seigneur qui ne mani- feste sa justice et sa puissance que pour toucher les cœurs et les amener à lui. »

L'effet produit par ces châtiments exemplaires fut considérable, principalement parmi les chrétiens; ils y voyaient une marque certaine de la sainteté du confes- seur de la foi; ces coups terribles partis de la main de Dieu, c'était à leurs yeux l'aurore d'une ère nouvelle qui se levait sur la religion chrétienne. C'est la pensée que M. Lamiot exprimait dans une lettre à son frère :

« Vous voyez que, si l'Église de Chine a comme la primitive Église des pertes à déplorer, elle a aussi ses confesseurs, ses patrons, ses protecteurs dans le ciel ; et si Tertullien trouvait dans le sang des martyrs une semence de chrétiens, nous avons lieu d'espérer ici le même résultat. »

Grande fut l'émotion en Europe, lorsqu'on apprit la nouvelle du martyre de M. Clet ; à l'admiration de ses vertus héroïques s'ajoutait une pleine confiance dans son intercession auprès de Dieu. En 1821, le supérieur du collège Urbain, ayant reçu de Macao une relation du martyre de M. Clet, en adressa une copie au supérieur de Monte-Citorio à Rome avec la lettre suivante :

« J'ai l'honneur d'envoyer à votre Révérence une relation du martyre de François Clet, prêtre de votre respectable Congrégation. Elle a été faite en 1820 par un certain François Han, catéchiste et elle m'est parvenue de Macao, avec les lettres adressées à notre collège chinois, par M. Marchini, procureur général des missions de la Chine. Pour ce qui me regarde, je suis plein de joie ainsi que mes confrères, à cause de la gloire qui en revient à Dieu et de celle qui rejaillit sur votre communauté. J'aime à espérer que ce nouveau martyr de Jésus-Christ voudra bien intercéder auprès du Très-Haut, pour obtenir une augmentation de ferveur à vos zélés confrères, et à nos élèves dans l'œuvre des missions. Je vous prie d'agréer mes félicitations, ainsi que l'expression des sentiments de respect avec lesquels », etc...

Telle était la réputation de sainteté dont jouissait le confesseur de la foi, qu'aussitôt qu'il eut rendu le dernier soupir, on s'empressa de recueillir tout ce qui lui avait appartenu, tout ce qui avait touché à son corps, comme de précieuses reliques; les chrétiens firent d'actives démarches pour racheter ses vêtements tachés de sang, les instruments de son dernier supplice, ses chaînes, ses fers, ses menottes, ses entraves. Lorsque la dépouille mortelle du martyr eut été confiée à la terre, cette tombe vénérée devint l'objet d'un véritable pèlerinage; les chrétiens allaient avec une confiance absolue demander au saint Missionnaire leur guérison, la délivrance de leurs maux; ils arrachaient pieusement les plantes, les fleurs, les herbes qui avaient germé sur cette tombe, leur attribuant des propriétés surnaturelles, et les employant comme remèdes dans toutes leurs maladies. Grâce à une pieuse attention de M. Lamiot, la Maison-mère de la rue de Sèvres, 95, possède de précieux souvenirs du glorieux martyr; tous les jours, les pieux fidèles viennent contempler aux vitrines de la salle des reliques : un habit et un pantalon que le Bienheureux portait dans sa prison et sur son gibet, des morceaux d'étoffe tachés de sang, un fragment de la corde qui a servi à l'étrangler, et des débris considérables de son cercueil recueillis lors de son exhumation.

Le ciel lui-même s'est plu à confirmer les chrétiens dans leur conviction par des manifestations qui tiennent du surnaturel : nous lisons dans les actes canoniques du procès de béatification que, au moment où M. Clet expirait sur son gibet, d'épaisses ténèbres enveloppèrent toute la ville de Pékin et les environs, pendant trois jours; il semblait que le soleil se fût éclipsé. Nous lisons encore un fait remarquable avec nombreuses preuves à l'appui, qui constitue un vrai miracle : Une dame anglaise, Marguerite Goldsmitt, atteinte de deux maladies jugées incurables, fut guérie radicalement et instantanément par l'intercession du Bienheureux. Nous voulons citer encore cet autre fait merveilleux : Peu de jours après la mort du martyr, un païen, pendant son sommeil, eut une vision vraiment extraordinaire : il vit en songe l'âme du Bienheureux monter au ciel, accompagnée d'une légion d'anges; au moment où le ciel s'ouvrit pour recevoir l'âme du martyr, ce païen put en contempler toute la splendeur. Ravi et transporté d'admiration, il voulait suivre le Bienheureux dans le ciel, mais celui-ci l'arrêta, lui disant que pour entrer dans le ciel, il fallait être régénéré par l'eau sainte du baptême. A son réveil, ce païen fut si puissamment impressionné de ce qu'il avait vu, qu'il se convertit, reçut le baptême et devint un fervent chrétien.

Le martyre de M. Clet, la fin tragique de ses persécuteurs, les merveilles qui entouraient sa mémoire, ne pouvaient manquer d'attirer l'attention de l'Église; le 9 juillet 1843, le pape Grégoire XVI donnait sa signature pour l'introduction de là cause de béatification, et, dès lors, M. Clet fut honoré du titre de Vénérable. Depuis cette époque, la Congrégation de la Mission était en instance pour que son corps fît retour à la Maison-mère; mais ce n'est qu'un demi-siècle après la mort du martyr, en 1868, qu'elle eut la joie de se voir en possession de ce riche trésor. Et encore ce ne fut pas sans difficultés qu'elle put reconquérir ce précieux dépôt.

Dès l'année 1859, Mgr Delaplace, vicaire apostolique de Tché-kiang, avait fait une démarche et des instances auprès de Mgr Spelta, vicaire apostolique du Hou-pé, pour obtenir le corps du saint Missionnaire; et Mgr Spelta avait répondu : « Si vous saviez combien marque la figure de M. Clet au milieu de tous les Missionnaires qui sont venus en Chine; quel respectable souvenir il a laissé! J'ai rencontré nombre de chrétiens qui, jadis, ont été sous sa direction, jamais ils ne tarissent sur le vieux Liéou. Les Missionnaires et bon nombre de chrétiens désirent que le vénérable martyr Clet reste ici pour les protéger. Ils voudraient bâtir une église où ils lui élèveraient un monument. Bref, ils s'opposent à son départ et veulent tout mettre en œuvre pour le retenir chez eux. » A la suite de cette lettre, il y eut un point d'arrêt dans le projet de ramener du Hou-pé le corps du martyr.

Or, le 14 novembre 1866, Mgr Delaplace écrivait à M. Étienne, Supérieur général : « Mon très honoré Père, j'ai à vous faire part d'un mouvement intérieur qui me presse très fort ; vous en ferez ce que vous jugerez à propos. Le 27 septembre dernier, comme j'étais agenouillé devant la relique de saint Vincent, priant pour nos deux familles, je me mis à regretter vivement que la Congrégation soit privée du corps du vénérable Clet. Je me sentis pressé de vous demander si vous auriez pour agréable qu'on fît une nouvelle démarche au Hou-pé. Il suffirait, ce me semble, que Rome signifiât un mot à Mgr Zanoli, successeur de Mgr Spelta, au Hou-pé. Si vous daignez me désigner à cet effet, je me charge d'aller chercher cette précieuse dépouille et de la ramener, sans qu'il en coûte une sapèque à la Congrégation. »

La démarche fut couronnée d'un plein succès ; Mgr Zanoli fit l'accueil le plus empressé à la demande qui lui fut adressée de remettre le corps du confesseur de la foi au vicaire apostolique du Tché-kiang. On n'attendait plus qu'une occasion favorable pour faire parvenir en France le précieux dépôt. L'occasion se présenta bientôt. On était à la veille du célèbre concile du Vatican ; appelé à participer aux travaux du concile, Mgr Delaplace, le 21 novembre 1868, s'embarquait pour l'Europe « en compagnie de son cher martyr ».

Dès le commencement de l'année 1869, la Maison-mère de la Congrégation de la Mission était en possession des restes du vénérable Clet. Le 6 septembre 1878, ils furent reconnus canoniquement par Mgr Richard, alors coadjuteur de l'archevêque de Paris, et déposés dans un caveau de la chapelle. Le 5 mars 1900, sur la délégation du Saint-Siège, une nouvelle reconnaissance des restes du Bienheureux a été faite par M. Fages, vicaire général de Paris, désigné par Son Éminence le cardinal Richard. A deux heures de l'après-midi, le corps était retiré du caveau et était porté religieusement à la salle des reliques, où deux médecins, MM. les docteurs Alibert et Monier ont examiné les restes du martyr et dressé un procès-verbal de reconnaissance. Puis on a fait trois parts des reliques : la première doit être offerte au Souverain Pontife; la deuxième a été réservée pour être exposée à la vénération des fidèles; la troisième, qui est la plus considérable, a été renfermée dans une caisse de cuivre doré et sera placée sous l'autel que l'on élèvera en l'honneur du Bienheureux.

Cependant, le procès canonique de béatification suivait son cours à Rome. Après diverses réunions tenues par les éminents cardinaux, membres de la Congrégation des Rites, pour discuter toutes les questions relatives à la béatification, Léon XIII, le 25 février 1900, jour de la quinquagésime, a rendu un premier décret pour approuver le martyre de M. Clet, les causes de son martyre et les miracles opérés par son intercession. Le 2 avril de la même année, Sa Sainteté a donné un nouveau décret déclarant qu'on pouvait, en toute sûreté, procéder à la béatification du serviteur de Dieu, François-Régis Clet, prêtre de la Congrégation de la Mission. Enfin, sous la date du 17 mai 1900, a paru le Bref de béatification; nous nous bornons à en extraire quelques passages. Après avoir fait ressortir cette pensée que l'Église est toujours féconde en généreux martyrs, on y glorifie, en quelques mots, chacun des soixante-dix-sept nouveaux Bienheureux. Voici comment on résume les vertus héroïques de M. Clet :

« La Congrégation de la Mission de Saint-Vincent de Paul, qui embrasse toutes les œuvres de charité et qui est étendue jusqu'aux extrémités du monde, a associé aux martyrs indiqués plus haut le serviteur de Dieu François Clet, martyrisé en Chine; les travaux apostoliques ne l'ont point abattu, les dangers et les menaces ne l'ont point effrayé; il a subi avec la plus grande constance un long et cruel martyre : la torture d'une dure captivité, l'ignominie des plus mauvais traitements et enfin la mort par le supplice de la strangulation..... Voulant accueillir avec bienveillance la supplique de la Société des Missions étrangères, de l'Ordre des Frères prêcheurs, de la Congrégation de la Mission de Saint-Vincent de Paul et des Mineurs de Saint-François d'Assise, ayant pris l'avis de nos vénérables Frères les Éminentissimes cardinaux de la Sacrée Congrégation des Rites : de Notre Autorité Apostolique, par la vertu des Présentes, Nous permettons que les vénérables Serviteurs de Dieu N. N., François Clet, de la Congrégation de la Mission, mis à mort par les païens en haine de la foi, soient désormais appelés Bienheureux, que leurs reliques, bien qu'elles ne doivent pas être portées dans les processions solennelles, puissent cependant être

6

exposées publiquement à la vénération des fidèles, et que leurs images soient ornées de rayons. En outre, par la même Autorité, Nous accordons qu'en leur honneur on récite l'office et qu'on célèbre la messe du commun de plusieurs martyrs selon les rubriques du Bréviaire et du Missel romain avec les oraisons propres approuvées par Nous. Nous déclarons de plus que cette concession de l'office et de la messe est applicable aux maisons et aux chapelles des quatre ordres indiqués plus haut, ainsi que des Filles de la Charité, et cela en faveur de tous les ecclésiastiques tant séculiers que réguliers. Enfin, à l'occasion de la béatification de ces vénérables Serviteurs de Dieu, Nous accordons la faculté de célébrer dans toutes les chapelles sus-indiquées une fête solennelle comprenant l'office et la messe sous le rite double majeur; le jour de cette fête sera fixé par l'Ordinaire respectif du lieu et compris dans le cours d'une année, à partir du jour où l'on aura célébré dans la basilique vaticane la fête solennelle de la béatification. »

Cette fête a eu lieu le 27 mai 1900, au milieu d'un concours immense de fidèles, de prêtres et de prélats romains.

Remercions le Seigneur de la gloire accordée au bienheureux François Clet, et espérons que cet enfant de saint Vincent élevé sur les autels suscitera de nouveaux apôtres dignes de lui succéder dans l'œuvre si importante de l'évangélisation des infidèles.

TABLE DES MATIÈRES

Imprimerie D. Dumoulin, à Paris

PARIS

IMPRIMERIE DE D. DUMOULIN

5, rue des Grands-Augustins, 5

www.ingramcontent.com/pod-product-compliance
Ingram Content Group UK Ltd.
Pitfield, Milton Keynes, MK11 3LW, UK
UKHW022044070726
13613UKWH00002B/672